FUN DINE

Die neue Lässigkeit der Haute Cuisine

David Kikillus

FUN DINE

Die neue Lässigkeit der Haute Cuisine

David Kikillus

mit Fotografien von Falko Wübbecke

Edition
Fackelträger

HERZLICH WILLKOMMEN IN MEINER KÜCHE!

TRETET EIN UND LASST EUCH INSPIRIEREN.

KOCHT NACH, WAS EUCH GEFÄLLT, UND LASST EUCH VON MIR BEKOCHEN, WENN EUER HERD AUS BLEIBEN SOLL.

MACHT, WAS IHR WOLLT, ABER MACHT ES MIT SPASS!

GENIESST ANDERS, GENIESST NEU, GENIESST # FUN DINE #!

EUER DAVID

INHALT

MIT DEM ESSEN
SPIELT MANN

DU MUSST SPIELEN WIE EIN KIND, DANN BIST DU AVANTGARDE!

Juan Arzak

David Kikillus ist ein echter Spielertyp. In seiner Jugend stand der absolute Fan von Gänseleber für die Jugend des BVB auf dem Platz. Mittelfeldspieler.

Eine echte Nr. 10. Also ein Spielmacher.

Als 16-Jähriger hörte er nicht auf seinen Vater, bolzte auf dem Schulhof mit anderen herum, geriet an einen deutlich schwereren Gegenspieler und kam mit diversen Brüchen ins Krankenhaus. Karriereende. Beim Fußball.

Doch David ging damals bereits in die Lehre bei Küchenchef Alexander Mielsch im „Römischen Kaiser" in Dortmund. Und der stellte den jungen Mann vor die Wahl: entweder kochen oder Fußball noch mal versuchen. Aus Sicht des BVB mag David sich falsch entschieden haben, aus Sicht der Gourmets traf er die richtige Wahl. Und so engagiert, wie er Fußball spielte, stürzte er sich in die Kocherei.

Schon während der Lehre ging er hin und wieder zum Arbeiten zu Heiko Antoniewicz, wo er schon früh mit unterschiedlichsten Aromen und Küchentechniken in Berührung kam. Dann rief die Bundeswehr und, na klar, kochte er dort auch, sogar als Mitglied der Bundeswehr-Nationalmannschaft der Köche, inklusive Preis: 2002 gewannen sie den Culinary World Cup.

Nach der Bundeswehr ging es dann los: erst noch mal zurück nach Dortmund, dann lockte der Süden, und Kikillus ging als Souschef ins „Weiße Rössl" in Kitzbühel. Nachdem die Saison in Kitzbühel gelaufen war, ging's zurück nach Dortmund. Eigentlich. Doch statt nach Westfalen zu reisen, setzte er sich in einen Flieger nach Barcelona und landete schließlich in Roses, sieben Kilometer entfernt vom „El Bulli". Mal zwei Wochen Urlaub machen, das war sein Ziel. Aber nach den zwei Wochen war die Kohle aufgebraucht, und so musste er sich um Nachschub bemühen, sprich arbeiten gehen.

Er landete als Küchenchef in „Die Insel", dem Restaurant eines Deutschen. Nächtens nach dem Service ging es in eine nahe gelegene Bodega. Die entpuppte sich als wahre Fundgrube des Wissens, denn dort fielen ebenfalls nach der Schicht zahlreich Köche oder Hospitanten aus dem „El Bulli" ein. Und worüber reden Köche? Übers Kochen!

Und dann zog er weiter, über Mallorca, Marbella und Malaga, weiter nach Berlin und Düsseldorf, ein Abstecher nach Dortmund folgte. Schließlich landete er im „Ramada Encore" in Kiew, dort zauberte David: Avantgarde genauso wie Riesenbanketts.

Zurück in Deutschland trifft David dann auf die richtigen Partner, auf Marc van der Gronden und Nicola von Tessin vom „Hotel Ambiente", wieder daheim in Dortmund. Essen mit Spaßfaktor in legerer Atmosphäre, das ist das Konzept, mit dem sich Kikillus von den etablierten Sternetempeln abheben und unterscheiden will. „Schwellenangst darf es bei uns nicht geben", da sind sich Marc und David einig.

Zu seinen Vorbildern gehört nicht nur Heiko Antoniewicz, sondern auch Sergio Herman: „Der ist einfach verrückt, tätowiert wie ich, ein Freak im besten Sinne."

Und was die Sterne angeht, die hat David schon. Und zwar als Tattoos auf seinen Armen. Was nicht heißt, dass er damit zufrieden wäre. Denn dann hätte er auch nie beim BVB gespielt.

SPANIEN IST AUCH HEUTE NOCH MEIN KULINARISCHES LIEBLINGSLAND, EXTREM VIEL AVANTGARDE HABE ICH DORT GEFUNDEN!#

BUGS BUNNY, FLEISCHESLUST ODER PRINZESSIN
AUF DER ERBSE: DAS SPIELERISCHE ELEMENT IN
DAVIDS KOCHSTIL SOLL HEISSEN:
ICH MACHE ES EBEN
EIN BISSCHEN ANDERS.

Die Gäste sollen Spaß haben, und so ist ein Gesamtmotto entstanden, das perfekt harmoniert. „Viele, gerade jüngere Gäste haben oft Schwellenangst, in so einen kulinarischen Tempel zu gehen, wo ein etwas lauteres Wort schon fast wie ein Kanonenschuss klingt, und diese Schwellenangst wollen wir den Gästen nehmen."

„Fun Dine" nennt David darum auch seinen ambitionierten Küchenstil.

Spaß zu haben beim Essen, das ist für David Kikillus sozusagen die Richtschnur für sein gesamtes Wirken in der Küche. Was ihm im „Hotel Ambiente" sicher nicht schwerfällt, hat doch das Hotel selbst schon den Anspruch, wegzukommen vom Herkömmlichen hin zu einer jungen und unkomplizierten Atmosphäre. Ein eigenes Farb- und Lichtdesign macht das sichtbar, genauso wie verblendete Leitungen, Faserplatten und unverputzter Beton. Gerade so, als wäre es gar nicht fertig. Ist es aber doch, und es lässt vor allem das Herz jüngerer Gourmets höher schlagen.

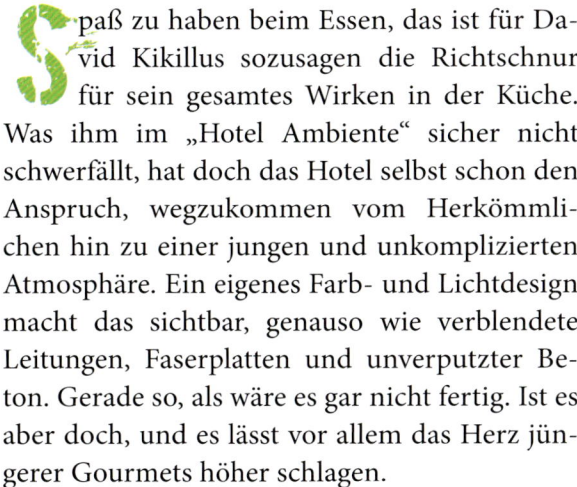

✻ FUCKING PERFECT ✻

Dass der weitgereiste David dabei auch in seiner Küche weltoffen ist, versteht sich fast schon von selbst. Logischerweise sei die Basis seiner Küche die französische, der er indes auch asiatische und mediterrane Elemente zuordnet. Wagyu aus Australien, Steinpilze aus Ungarn, nur beste Zutaten kommen für ihn infrage, und manches lässt er zum Leidwesen seiner Lieferanten auch wieder zurückgehen, wenn es seinen Qualitätsansprüchen nicht genügt.

„Fucking perfect" will David sein. Wie in dem Musik-Video von Pink, das sei auch sein Motto, unterstreicht David seinen Ansatz. Keine Kompromisse auf dem Teller, „das ist mein persönlicher Anspruch und hat nichts mit Testern oder Kritikern zu tun".

Klingt teuer, ist es aber nicht. „Wir haben nichts davon, wenn ein Gast vielleicht nur ein- oder zweimal im Jahr kommt, wir möchten gerne unsere Gäste viel öfter sehen, deshalb kalkulieren wir auch faire Preise", sagt David.

Und so orientiert sich das Buch auch an seiner Speisekarte. Keine Einteilung nach Vor- oder Hauptgängen, alles sind Erlebnisse, und die kann jeder so kombinieren, wie er mag. Und natürlich auch so viel er mag.

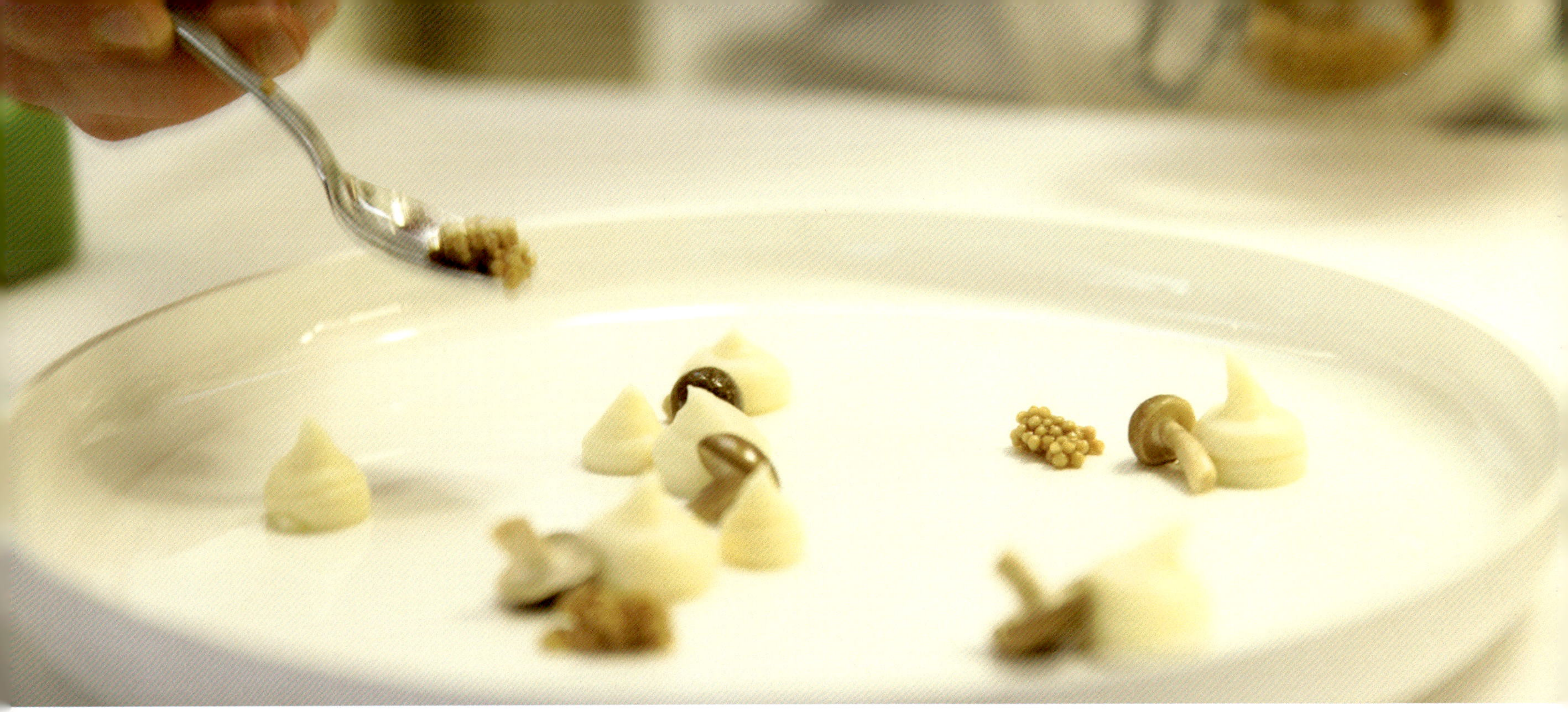

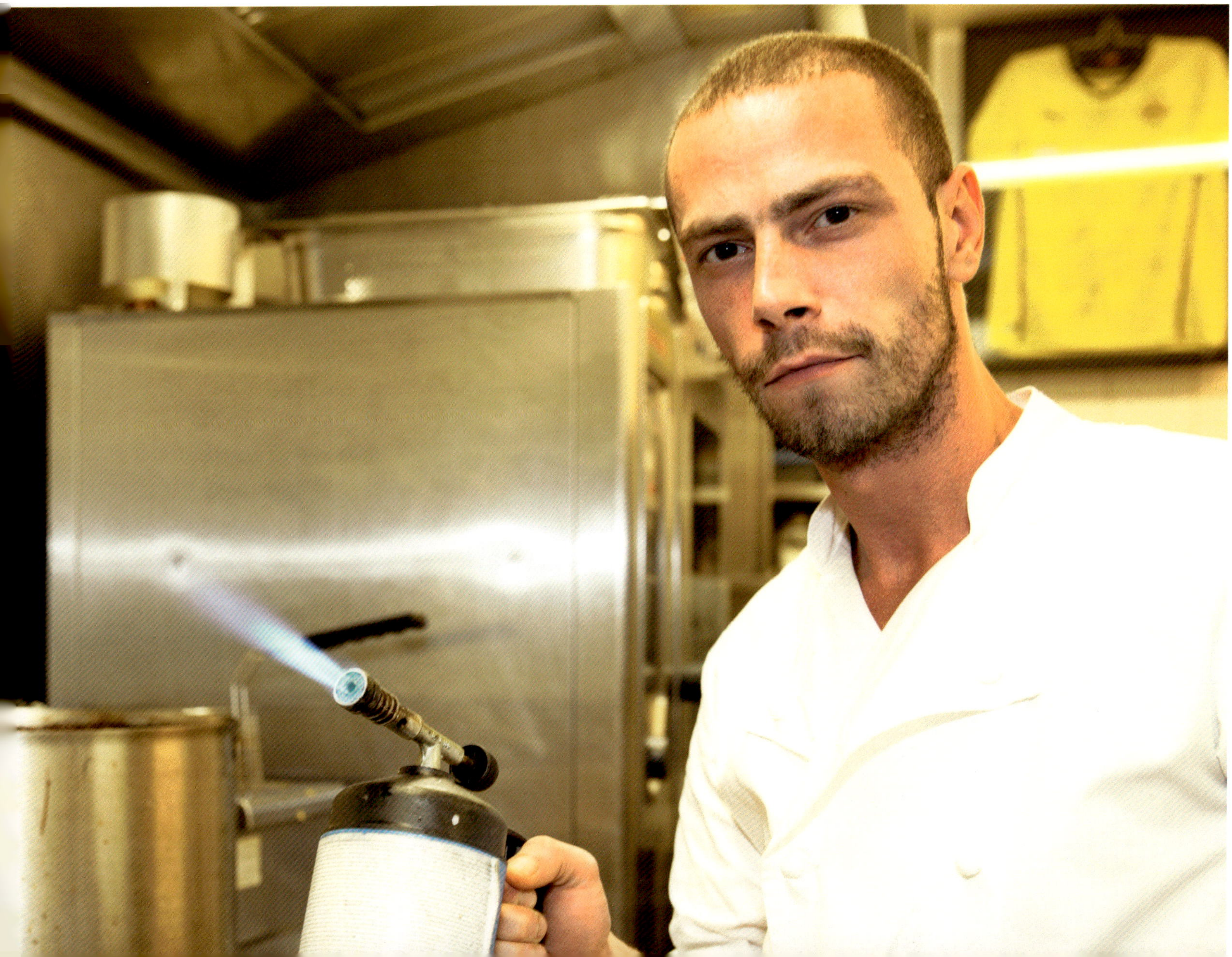

LEGOMÄNNCHEN

Entenleber | Birne | Haselnuss

LEGOMÄNNCHEN

Was waren das für schöne Zeiten, als wir noch unbefangen mit Legosteinen spielten. David holt das Spiel zurück und auf den Teller. Aus Entenleber entsteht ein Legomännchen, das mit Haselnuss, Schokolade und Nashi-Birne angereichert wird.

ENTENLEBERTERRINE

ENTENLEBERTERRINE

250 g Entenleber	Die Entenleber putzen, von den Adern befreien und in grobe Würfel schneiden.
3 g Salz	
0,5 g rosa Pökelsalz	Nun mit Salz, Pökelsalz, Zucker, Pfeffer, Madeira und Cognac marinieren, vakuumieren und 24 Stunden kühl stellen.
1,3 g Zucker	
0,5 g gemahlener weißer Pfeffer	
3 ml Madeira	Anschließend bei 58 °C 16 Minuten sous-vide garen und auf Eiswasser herunterkühlen.
2 ml Cognac	

LEGOMÄNNCHEN

LEGOMÄNNCHEN

140 g dunkle Kuvertüre	Die Kuvertüre über einem Wasserbad langsam schmelzen lassen.
60 g Entenleberterrine	Alle Zutaten im Thermomix zu einer glatten Masse mixen. Nun die Entenlebermasse in Legoförmchen aus Silikon gießen und einfrieren.
125 g Sahne	

BIRNEN-CANNELLONI

BIRNEN-CANNELLONI

100 ml Birnensaft	Den Birnensaft zusammen mit der Zimtstange, Sternanis, Agar-Agar und Gellan aufkochen.
1 Zimtstange	
1 Sternanis	
1 g Agar-Agar	Passieren und mithilfe eines Fillini-Makers Cannelloni gießen und stocken lassen.
0,2 g Gellan	

SCHOKOLADENSTAUB

SCHOKOLADENSTAUB

10 g weiße Kuvertüre
30 g Malto

Die Kuvertüre im Wasserbad schmelzen und langsam unter das Malto heben.

BIRNENGEL

BIRNENGEL

80 ml Birnensaft
1 Zitronenthymianzweig
0,8 g Agar-Agar

Den Birnensaft mit Zitronenthymian und Agar-Agar aufkochen. Anschließend passieren, in ein Blech gießen und stocken lassen. Das Birnengelee im Thermomix zu einem Gel verrühren und in eine Spritzflasche abfüllen.

MARINIERTE BIRNE

MARINIERTE BIRNE

1 Nashi-Birne
100 ml Birnensaft
1 Zitronenthymianzweig
10 ml Zitronensaft
1 g Xanthan

Die Birne schälen, das Kerngehäuse entfernen, in dünne Scheiben schneiden und rund ausstechen. Die runden Plättchen in Zitronensaft legen. Nun den Birnensaft mit Zitronenthymian aufkochen und mit Xanthan etwas binden. Dann die Birnenplättchen in den Birnensud legen.

HASELNUSS-SPONGE

HASELNUSS-SPONGE

60 g Eiweiß
60 g Haselnussgrieß
40 g Eigelb
25 g Zucker
1 g Salz
20 g Mehl

Alle Zutaten miteinander vermischen und in einen iSi-Spender geben. Diesen mit zwei Gaspatronen befüllen. Nun die Masse in einen Plastikbecher spritzen und 30 Sekunden bei 800 Watt in der Mikrowelle garen. Auskühlen lassen, aus dem Becher befreien und bei 69 °C im Dehydrator 12 Stunden trocknen.

ANRICHTEN

Honigkresse

Die Cannelloni mit Entenleber füllen, mit den Sponges verschließen und mit den restlichen Komponenten anrichten.

VERBRANNTER SPARGEL

Spargel | Kartoffel | Petersilie | Iberico

VERBRANNTER SPARGEL

VERBRANNTER SPARGEL

4 schöne Spargelstangen
Maldon sea salt

Den Spargel auf dem Big Green Egg oder einem anderen Grill schwarz werden lassen und anschließend schälen. Mit Maldon sea salt würzen.

KARTOFFEL-ESSPAPIER

180 g mehligkochende Kartoffeln
7,5 g Salz
1 g Piment d'Espelette

Die Kartoffeln in Salzwasser weich kochen. Anschließend im Thermomix cremig mixen und mit Piment d'Espelette vermengen. Dann hauchdünn auf eine Silpat-Backmatte streichen und im Dehydrator 8–9 Stunden trocknen.

PETERSILIENWURZELCREME

20 g glatte Petersilienblätter
160 g Petersilienwurzel
60 ml Milch
40 g Butter
Salz

Die Petersilienblätter blanchieren. Die Petersilienwurzel schälen, mit Milch, Butter und Salz weich kochen. Anschließend mit der blanchierten Petersilie im Thermomix glatt mixen.

PETERSILIENKRUSTE

1 Bund glatte Petersilie
80 g Paniermehl
60 g Butter
1 Eiweiß
Salz

Die Petersilienblätter von den Stängeln zupfen und in kochendem Wasser blanchieren. Herausnehmen und in Eiswasser schnell herunterkühlen. Die Petersilie herausnehmen, abtropfen lassen, trocken tupfen und mit Paniermehl, Butter, Eiweiß und etwas Salz im Thermomix zu einer glatten Masse mixen. Die fertige Masse in Klarsichtfolie einrollen und kalt stellen.

SPARGEL-PANNACOTTA

200 g weißer Spargel
1,6 g Agar-Agar
Salz

Den Spargel schälen und in kleine Stücke schneiden. In kochendem Salzwasser ca.12 Minuten garen, den Spargel herausnehmen und etwas Spargelwasser auffangen und beiseitestellen. Den Spargel im Thermomix zu einer Creme mixen. Agar-Agar in etwas Spargelwasser aufkochen und unter die Masse mixen. Auf ein Blech gießen und kalt stellen.

PETERSILIENSPONGE

40 g Eiweiß
40 g Eigelb
30 g Mehl
1 TL Backpulver
45 g Petersilienpüree
20 g Zucker
2 g Salz

Alle Zutaten zusammen im Thermomix mixen, in einen iSi-Siphon füllen und mit 2 Kapseln begasen.
Anschließend 1 Stunde kalt stellen. Dann einen Plastikbecher zu einem Drittel mit der Menge befüllen und bei 800 Watt 30 Sekunden in der Mikrowelle garen.

NUSSBUTTERBRÖSEL

75 g Butter
60 g Milchpulver

Die Butter zusammen mit dem Milchpulver im Topf vermengen und abbrennen.

ANRICHTEN

120 g Iberico-Bellota-Schinken
Blutampfer

Den Schinken kreisrund ausstechen.
Alle Komponenten anrichten.

DIE KÖNIGIN DER GAMBAS

Carabinero | Melone | Koriander | Kokos

DIE KÖNIGIN DER GAMBAS

Carabineros zählen zu den kostbarsten Meeresfrüchten überhaupt.
Hier kommen sie an Land mit Kokos, Koriander und Melone.

CARABINEROS

4 Carabineros	Die Carabineros schälen und vom Darm
Zitronensaft	befreien. Anschließend mit etwas Zitronensaft
Fleur de sel	marinieren und mit Fleur de sel würzen.

MARINIERTE MELONE

60 ml Melonensaft	Den Melonensaft mit Zitronenthymian kurz aufkochen.
1 Zitronenthymianzweig	Anschließend mit Xanthan binden und Champagneressig
0,6 g Xanthan	abschmecken.
10 ml Champagneressig	Die Melone in dünne Scheiben schneiden, Kreise ausstechen
100 g Cantaloupe-Melone	und 30 Minuten im Melonensaft einlegen.

KOKOSSCHERBEN

KOKOSSCHERBEN

120 g Kokospüree
1 Kaffirlimettenblatt
1,2 g Xanthan
flüssiger Stickstoff

Das Kokospüree mit dem Limettenblatt aufkochen. Anschließend passieren und mit Xanthan im Thermomix mixen. In Plastikhalbkugeln füllen und mehrmals in flüssigem Stickstoff wenden. Anschließend für 6 Stunden einfrieren und zerbrechen.

KORIANDEREMULSION

KORIANDEREMULSION

80 g Koriander
20 g glatte Petersilie
40 g Spinat
100 g Geflügelfond
50 ml mildes Olivenöl
1 g Xanthan
Zitronensaft
Salz, Pfeffer

Koriander, Petersilie und Spinat blanchieren und in Eiswasser abschrecken. Anschließend mit Geflügelfond, Olivenöl, Xanthan, Zitronensaft, Salz und Pfeffer im Thermomix zu einer Emulsion mixen.

ANRICHTEN

Melonensponge (s. Grundrezept S. 197)
Rote-Bete-Kresse
Korianderkresse
Buchenpilze
Enokipilze
Kokoscreme

Alle Komponenten anrichten.

EIN KLEINER ...

WILDFANG!

Steinbutt | Brokkoli | Knoblauch

EIN KLEINER ... WILDFANG!

Die Gewässer der Bretagne sind wild und voller Fische. David bevorzugt den geangelten Steinbutt und verfeinert ihn mit Brokkoli und Nussbutter.

STEINBUTT STEINBUTT

640 g bretonischer Steinbutt
Albaöl
Thymian
Maldon sea salt

Den Steinbutt putzen und filetieren, dann die Filets in einer Pfanne mit Albaöl und Thymian etwa 2 Minuten von jeder Seite goldgelb braten. Mit Salz würzen.

BROKKOLIMOUSSE BROKKOLIMOUSSE

360 g Brokkoli
1 TL Backpulver
Butter
Salz

Den Brokkoli mit Backpulver, Butter und Salz weich kochen. Anschließend im Thermomix zu einer glatten Creme mixen.

NUSSBUTTERBRÖSEL NUSSBUTTERBRÖSEL

75 g Butter
60 g Milchpulver

Die Butter zusammen mit dem Milchpulver im Topf vermengen und abbrennen.

ZITRONEN-BEURRE-BLANC

ZITRONEN-BEURRE-BLANC

¼ Schalotte	Die Schalotte würfeln und in etwas Albaöl
Albaöl	anschwitzen. Anschließend die Kapernlake,
10 ml Kapernlake	Sahne und den Zitronensaft hinzufügen. Etwas
30 g Sahne	köcheln lassen, mit Salz abschmecken und
120 ml Zitronensaft	passieren. Kurz vor dem Servieren die kalten
200 g kalte Butterwürfel	Butterwürfel mit einem Zauberstab untermixen.
Salz	

42|43

KNOBLAUCHGELEE

KNOBLAUCHGELEE

25 g schwarzer Knoblauch

Den schwarzen Knoblauch im Thermomix mixen und anschließend durch ein Sieb streichen. Dann auf eine Silpat-Backmatte aufstreichen und bei 57 °C etwa 2 Stunden trocknen. Nach Wunsch zu Kreisen ausstechen.

ANRICHTEN

gegarte Brokkoliröschen
geschälte, ausgestochene Brokkolistiele
Brokkolisponge (s. Grundrezept S. 197)
Rote-Bete-Kresse

Alle Komponenten anrichten.

SCHWEIN GEHABT!!!

Iberico | Karotte | Senf | Paprika

SCHWEIN GEHABT !!!

Wer sich für dieses Gericht entscheidet, hat wirklich Schwein. Der Presa genannte Nackenkern vom Iberico ist DAS Stück für die spanischen Avantgarde-Köche. Kein Wunder, dass David es auch verwendet.

IBERICO-PRESA

480 g Iberico-Presa
1 Rosmarinzweig
15 g Butter

Das Presa putzen und mit Rosmarin und Butter im Vakuumbeutel einschweißen. Anschließend bei 56 °C im Thermalisierer 7–8 Minuten sous-vide garen.

IBERICO-BAUCH

320 g Iberico-Bauch
1 Rosmarinzweig
25 g Butter

Den Schweinebauch vom Knorpel befreien und mit Rosmarin und Butter im Vakuumbeutel einschweißen. Bei 62 °C 24 Stunden im Thermalisierer garen.

GELBE KAROTTENMOUSSE

200 g gelbe Karotten
50 g Butter
1 Lorbeerblatt
Salz

Karotten schälen und in Würfel schneiden. Mit Butter, Lorbeer, Salz und etwas Wasser im Topf garen. Das Lorbeerblatt entfernen und die Karotten im Thermomix zu einer Creme mixen.

ORANGE KAROTTENMOUSSE

200 g orange Karotten
50 g Butter
1 Lorbeerblatt
Salz

Karotten schälen und in Würfel schneiden. Mit Butter, Lorbeer, Salz und etwas Wasser im Topf garen. Das Lorbeerblatt entfernen und die Karotten im Thermomix zu einer Creme mixen.

KAROTTENRÖLLCHEN

KAROTTENRÖLLCHEN

1 Karotte	Die Karotte schälen und auf der Aufschnittmaschine in dünne Streifen schneiden.
80 ml Essig	Gleichmäßig zurechtschneiden und kurz blanchieren. Nach dem Blanchieren in
50 g Zucker	Eiswasser abschrecken. Dann den Essig mit Zucker und Salz kurz aufkochen und die
1 g Salz	Karottenstreifen darin marinieren, anschließend aufrollen.

EINGELEGTE SENFKÖRNER

EINGELEGTE SENFKÖRNER

200 ml Essig	Sämtliche Zutaten mit 250 ml Wasser
100 g Zucker	sechsmal aufkochen und beiseitestellen.
6 g Salz	
100 g Senfkörner	

PAPRIKA

PAPRIKA

1 rote Paprika	Die Paprika vierteln und vom Kerngehäuse befreien. Mit dem Thymian
1 Thymianzweig	auf ein Blech legen, Olivenöl darüberträufeln und mit Maldon sea salt
Olivenöl	bestreuen. Im Ofen bei 175 °C schmoren, bis die Haut sehr dunkel ist
Maldon sea salt	und Blasen wirft. Die Haut abziehen und rund ausstechen.

ANRICHTEN

Zwiebelblüten
Shisoblatt
Rote-Bete-Kresse
Buchenpilze
Gewürzgurkengelee (s. Grundrezept S. 196)
Albaöl
Maldon sea salt
schwarzer Pfeffer
Karottensponge (s. S. 161)

Fertig gegarten Schweinebauch portionieren und in der Pfanne mit Albaöl nachbraten. Mit Maldon sea salt würzen. Presa ebenfalls in Albaöl nachbraten. Mit Maldon sea salt und schwarzem Pfeffer würzen.

Alle Komponenten anrichten.

GRÜNES THAI-CURRY

Banane | Curry | Ananas | Koriander | Basilikum | Kokos

GRÜNES THAI-CURRY

GEWÜRZBANANE

GEWÜRZBANANE

4 Mini-Bananen
55 g Butter
25 g Ananassaft
20 g Zitronensaft
40 g weißer Portwein
10 g Zimtpulver
0,5 g geriebene Muskatnuss
5 g Korianderkörner
2 Kaffirlimettenblätter
5 g Zitronenschale
5 g Ingwer
2 g Mangocurrypulver
30 g Rohrzucker

Die Mini-Bananen schälen.
Aus den restlichen Zutaten einen
Sud herstellen. Anschließend
die Mini-Bananen mit dem Sud
vakuumieren und bei 55 °C 15–20
Minuten sous-vide garen.

BANANEN-CURRY-MOUSSE

BANANEN-CURRY-MOUSSE

100 g Kokosmilch
100 g Sahne
200 ml Ananassaft
200 ml Apfelsaft
1 g Ascorbinsäure (Vitamin C)
50 g Rohrzucker
1 g Mangocurrypulver
4 Gewürzbananen
9 Blatt Gelatine
Silikonform

Die Kokosmilch mit der Sahne vermischen, in einen iSi-
Siphon füllen und mit einer Sahnekapsel bestücken. Ananas-
und Apfelsaft mit Vitamin C und Zucker erhitzen und auf
100 ml reduzieren. Mit Mangocurry abschmecken. Die
Gewürzbananen schälen und mit 50 ml der Saftreduktion im
Thermomix mixen. In den restlichen 50 ml Saft die eingeweichte und ausgedrückte Gelatine auflösen. Die Kokos-
sahne unter die Gewürzbananenmasse heben und die
aufgelöste Gelatine untermengen. In die gewünschte Form
abfüllen.

OBSTMOUSSE

OBSTMOUSSE

1 Mini-Ananas
2 Mini-Bananen
1 Granny Smith

Alles zusammen im
Thermomix mixen
und anschließend
passieren.

PETERSILIENSAFT

PETERSILIENSAFT

½ Bund glatte Petersilie
50 ml Eiswasser
0,5 g Ascorbinsäure (Vitamin C)

Die Petersilie blanchieren und
mit dem Eiswasser und Ascorbinsäure im Thermomix mixen.
Anschließend passieren.

ANANASGEL

250 ml Ananassaft
5 g Limettenschale
1 Zimtstange
1 Sternanis
5 g Korianderkörner
2,4 g Agar-Agar

Den Ananassaft mit Limettenschale, Zimtstange, Sternanis, Korianderkörnern und dem Agar-Agar aufkochen. Den Sud passieren, auf ein Blech gießen und fest werden lassen. Anschließend im Thermomix zu einem Gel verarbeiten.

MARINIERTE ANANAS

120 g geschälte Ananas
5 g Ingwer
150 ml Ananassaft
5 Korianderkörner
1 Kaffirlimettenblatt
25 g Rohrzucker
½ Vanilleschote

Die Hälfte der Ananas würfeln, die andere Hälfte auf der Aufschnittmaschine dünn aufschneiden, den Ingwer schälen und fein würfeln. Den Saft einmal aufkochen, dann Korianderkörner, Ingwer, Limettenblätter, Rohrzucker und Vanilleschote hinzufügen und 30 Minuten ziehen lassen. Anschließend passieren. Sowohl die gewürfelte als auch die in Streifen geschnittene Ananas mit dem Saft vakuumieren und 2–3 Stunden ruhen lassen.

CHINAEIS

120 g Glucose
40 g Zucker
250 g Kokosmilch
60 g Kokosflocken
½ Bund Koriander
½ Bund Basilikum
18 g Ingwer
¼ Bund Zitronenmelisse
2 Kaffirlimettenblätter
Fizzy
flüssiger Stickstoff

Glucose und Zucker mit 250 ml Wasser vermischen und erwärmen, bis sich die Glucose aufgelöst hat. Kokosmilch und -flocken mit dem Pürierstab mixen. Anschließend die Glucosemischung langsam dazugeben und weiter pürieren.
Koriander und Basilikum blanchieren. Ein Drittel der Kokosmasse mit den blanchierten Kräutern vermischen. Im Thermomix pürieren. Ingwer fein würfeln und mit der Zitronenmelisse und den Kaffirlimettenblättern dazugeben. Leicht erwärmen und 35 Minuten ziehen lassen. Nun die Masse durch ein Superbag pressen oder durch ein feines Sieb streichen und zu den restlichen zwei Dritteln der Kokosmasse geben. Noch mal passieren. Etwas Eismasse abnehmen, in eine Spritzflasche füllen und kalt stellen. Die restliche Eismasse im Pacossierbecher einfrieren.
Kurz vor dem Servieren pacossieren. Zum Servieren etwas Fizzy auf die Eisnocke geben und die Eismasse aus der Spritzflasche in flüssigen Stickstoff tropfen lassen. Sobald die Perlen gefroren sind, mit einem Schaumlöffel herausnehmen.

ANRICHTEN

Koriandersponge (s. Grundrezept S. 197)
ausgestochene Apfelscheiben
Buttercrumble (s. S. 157)
Korianderkresse

Alle Komponenten anrichten.

ESSBARE STEINE !!!

Mandarine | Lauch

ESSBARE STEINE!!!

Auch wenn David aus dem Land der Kohle und des Stahls kommt, hat er ein Faible für Steine – zumindest, wenn man sie essen kann.

MANDARINENSORBET MANDARINENSORBET

400 ml Mandarinensaft
10 g Honig
86 g heller Muscovadozucker
Silikonform

Alle Zutaten verrühren und in einen Pacossierbecher füllen, 24 Stunden einfrieren. Anschließend pacossieren und in die vorbereitete Silikonform füllen, nochmals einfrieren, sodass steinförmiges Sorbet entsteht.

STEINOPTIK

1 Lauchstange
Mandarinensorbet
flüssiger Stickstoff

Den Lauch unter dem Salamander oder sehr starker Oberhitze komplett verbrennen lassen und im Mixer zu einem Pulver mahlen. Die Sorbetsteine in Flüssigstickstoff tauchen, herausheben und in der Lauchasche wälzen.

MANDARINENGEL

60 g Mandarinenpüree
0,6 g Agar-Agar

Das Mandarinenpüree zusammen mit dem Agar-Agar aufkochen, vom Herd nehmen, abfüllen und kalt stellen. Anschließend das Mandarinengelee im Thermomix zu einem Gel zerkleinern und in eine Spritzflasche füllen.

ANRICHTEN

Alle Komponenten anrichten.

Terence Conran, der Großmeister des britischen Designs und Förderer des guten Essens sowie „Erfinder" einer neuen Gastronomie im Königreich, hat einmal gesagt: „Food and design feel like beautiful bedfellows." Als wollten sie das beweisen, haben die Dortmunder Innenarchitekten Pappert-Waskiewicz das Designkonzept des „Kikillus" zu einem lässig-urbanen, postmodernen Erlebnisraum für die Küche von David Kikillus gemacht.

FOOD AND DESIGN FEEL LIKE BEAUTIFUL BEDFELLOWS

Maritime Romantik steht neben indus-triellen Deckenabhängungen, 1950er-Jahre-Retrostyle und einem bayerischen Stammtisch im Alpinstil. Das Designkonzept lebt von ironischen Brüchen und Kommentaren, es ist stimulierend und entspannend zugleich und schafft dabei den Spagat zwischen Komplexität und Harmonie.

Doch solche Überlegungen muss der Gast hier gar nicht anstellen, ihm reicht die lässige Unge-zwungenheit, die so gar nichts von der steifen und verklemmten Eleganz vieler Vertreter der Haute Cuisine hat.

EINE HANDVOLL REIS

Reis | Avocado | Thunfisch

EINE HANDVOLL REIS

„Eine Handvoll Reis, die gab es in Lao-tan", so hat es Freddy Quinn martialisch besungen. Hier geht es ganz und gar nicht kriegerisch zu, sondern überaus geschmackvoll mit Reis-Chips, Gelbflossenthunfisch und Avocado.

REIS-CHIPS REIS-CHIPS

50 g Reis	Den Reis in 200 ml Wasser weich kochen und im Thermomix mixen. Anschließend 1 mm
Fett oder Öl	dick auf eine Silpat-Backmatte streichen und bei 50 °C 2 Stunden trocknen.
	Den getrockneten Reis zu Chips brechen und in heißem Fett oder Öl ausbacken.

AVOCADOCREME AVOCADOCREME

½ Avocado	Die Avocado schälen und in Würfel schneiden. Den Granny
50 g Granny Smith	Smith schälen, vom Kern befreien und in gleichmäßige
50 ml Olivenöl	Brunoise schneiden. Die vorbereitete Avocado und die Apfel-
2 g Tabasco	Brunoise mit Olivenöl, Tabasco, Ascorbinsäure, Salz und
2 g Ascorbinsäure (Vitamin C)	Pfeffer im Thermomix zu einer feinen Creme mixen.
Salz, Pfeffer	

THUNFISCHCARPACCIO

OIOOARRAOHOSIRNUHT

120 g Gelbflossenthunfisch
Maldon sea salt

Den Thunfisch mit einem Lachsmesser in dünne Scheiben schneiden und rund ausstechen. Kurz vor dem Servieren mit Maldon sea salt würzen.

ANRICHTEN

Shisoblätter
Korianderkresse

Alle Komponenten anrichten.

ERBSE

Jakobsmuschel | Erbse | Aprikose | Mandel

PRINZESSIN AUF DER ERBSE

Na, wenn die Jakobsmuschel eine Prinzessin ist, dann wird sie sich sicher über Erbsenmousse und allerlei anderes freuen.

JAKOBSMUSCHELN

JAKOBSMUSCHELN

4 Jakobsmuscheln
1 Thymianzweig
Albaöl
Maldon sea salt

Die Jakobsmuscheln mit dem Thymian in Albaöl braten. Vor dem Servieren mit Maldon sea salt würzen.

CURRYKNUSPERBRÖSEL

CURRYKNUSPERBRÖSEL

60 g Mandeln
120 g Läuterzucker
30 g Butter
10 g Glucose
1 g Natron
90 g Erdnusskerne
3 g Salz
25 g Feuilletine
0,6 g Madrascurrypulver
0,4 g Mangocurrypulver
5 g gehackte Röstzwiebeln
1,2 g Zitronenthymianblätter
1,5 g Maldon sea salt

Den Backofen auf 160 °C vorheizen, die Mandeln darin rösten, auskühlen lassen und im Mixer zerkleinern.
Zucker, Butter und Glucose zu einem Karamell kochen, dann das Natron hinzufügen.
Die Erdnüsse zum Karamell geben und kurz köcheln lassen. Dann den Karamell auf eine Silpat-Backmatte gießen und abkühlen lassen. In Stücke brechen und im Mixer zu groben Streuseln zerkleinern. Mit den restlichen Zutaten in einer Schüssel vermischen.

ERBSENMOUSSE

ERBSENMOUSSE

200 g TK-Erbsen
60 g Butter
Salz

Die Erbsen in Salzwasser und Butter weich kochen und anschließend im Thermomix zu einer Creme mixen.

APRIKOSENGEL

APRIKOSENGEL

50 g Aprikosenpüree
0,5 g Agar-Agar

Das Aprikosenpüree zum Kochen bringen. Das Agar-Agar darin auflösen, umfüllen und kalt werden lassen. Im Thermomix zu einem Gel zerkleinern.

APRIKOSENGELEE

APRIKOSENGELEE

80 g Aprikosenpüree
0,8 g Agar-Agar

Das Aprikosenpüree zum Kochen bringen. Das Agar-Agar darin auflösen, umfüllen und kalt werden lassen. Anschließend in kleine gleichmäßige Würfel schneiden.

MANDELGEL UND -GELEE

MANDELGEL UND -GELEE

180 g Mandeln
630 ml Milch
6,5 g Agar-Agar
Salz

Die Mandeln in einer Pfanne trocken rösten. Die Milch hinzufügen, aufkochen und sofort vom Herd nehmen. Abgedeckt ca. 1 Stunde ziehen lassen, anschließend passieren. Die Mandelmilch zum Kochen bringen, Agar-Agar einrühren und 3 Minuten köcheln lassen. Mit Salz abschmecken, umfüllen, kalt stellen und fest werden lassen. Die Hälfte in kleine Quader schneiden und beiseitestellen. Das restliche Gelee im Thermomix zu einem Gel verarbeiten.

ANRICHTEN

fermentierter Knoblauch
Shisoblätter
Korianderkresse
Buchenpilze
Aprikosensphäre (s. Grundrezept S. 196)

Alle Komponenten anrichten.

RED MULLET 2.0

Rotbarbe | Passionsfrucht | Kichererbse | Kokos | Pak Choi

RED MULLET 2.0

PASSIONSFRUCHTGEL PASSIONSFRUCHTGEL

50 g Passionsfruchtpüree
8 g Zucker
0,6 g Agar-Agar

Das Passionsfruchtpüree zusammen mit dem Zucker und Agar-Agar aufkochen, auf ein Blech gießen und kalt werden lassen. Anschließend im Thermomix zu einem Gel verarbeiten.

KICHERERBSEN KICHERERBSEN

200 g Kichererbsen
20 g Nussbutter
120 ml Gemüsefond
Fünf-Gewürze-Pulver
Ras el-Hanout
Salz

Die Kichererbsen in einem Topf mit der Nussbutter anschwitzen und mit Gemüsefond ablöschen. So lange kochen, bis sie bissfest sind. Mit den Gewürzen und Salz abschmecken.

PAK CHOI PAK CHOI

4 Baby-Pak-Choi
Albaöl
Sojasauce

Den Pak Choi in etwas Albaöl anbraten, mit Sojasauce ablöschen und aus der Pfanne nehmen. Auf Küchenpapier abtropfen lassen.

ROTBARBE ƎᗺᴙА吕ТОᴙ

4 Rotbarbenfilets
20 g Butter
2 Korianderstängel
Albaöl
Fleur de sel

Die Rotbarbenfilets mit Butter und Koriander vakuumieren und bei 56 °C 4 Minuten im Thermalisierer garen. Anschließend in der Pfanne mit etwas Albaöl nachbraten und mit Fleur de sel würzen.

KOKOSPERLEN ᴎƎ⅃ᴙƎꟼꙄОᴋОᴋ

150 ml Kokosmilch
50 g Zucker
1,5 g Xanthan
flüssiger Stickstoff

Die Kokosmilch mit dem Zucker leicht zum Köcheln bringen und mit Xanthan binden. Anschließend in eine Spritzflasche füllen und in flüssigen Stickstoff tropfen lassen. Sobald die Milchperlen gefroren sind, mit einem Schaumlöffel herausheben.

ANRICHTEN

Rote-Bete-Kresse
Pak-Choi-Blüten
Kokoscreme
Passionsfruchtsamen
Kichererbsenchips
Kokospuder (s. Grundrezept S. 197)

Alle Komponenten anrichten.

DES KAISERS
#GRANATE#

Kaisergranat | Salzpflaume | Miso | Süßkartoffel

DES KAISERS #GRANATE#

Hier lässt David es mal richtig krachen: Kaisergranat mit Salzpflaume, Miso und Süßkartoffel. Da schaut doch der Ferne Osten heraus.

KAISERGRANAT

4 Kaisergranat (Größe 4–7)
Erdnussöl
Fleur de sel

Den Kaisergranat aus der Schale lösen und den Darm ziehen. Anschließend einen Zahnstocher zum Stabilisieren beim Braten vom Kopf- bis zum Schwanzende stecken und den Granat in Erdnussöl in der Pfanne glasig braten. Mit Fleur de sel würzen.

SALZPFLAUME

5 g Ingwer
4 Pflaumen, entsteint
10 g braune Butter
8 ml Zwetschgenbrand
1 Korianderstängel
Zitronensaft
Maldon sea salt

Den Ingwer in Scheiben schneiden und mit den Pflaumen in Butter anschwitzen, mit Zwetschgenbrand ablöschen und zu einer dickflüssigen Konsistenz einkochen. Anschließend Koriandergrün und Zitronensaft zugeben. Mit Maldon sea salt bestreuen.

PFLAUMENGEL

PFLAUMENGEL

60 g Pflaumenpüree
0,5 g Agar-Agar

Das Pflaumenpüree zum Kochen bringen. Das Agar-Agar darin auflösen, umfüllen und kalt werden lassen. Anschließend im Thermomix zu einem Gel zerschlagen.

MISOCREME

MISOCREME

45 g Misopaste
45 g Geflügelfond
1 6-Minuten-Ei
10 g braune Butter
20 g Crème fraîche
Maldon sea salt
Cayennepfeffer

Misopaste, Geflügelfond und Ei zu einer glatten Masse mixen. Anschließend die braune Butter und Crème fraîche hinzugeben und mit Maldon sea salt und Cayennepfeffer abschmecken.

SÜSSKARTOFFELMOUSSE

SÜSSKARTOFFELMOUSSE

160 g geschälte Süßkartoffeln
30 g Crème fraîche
1 Lorbeerblatt
Salz

Die Süßkartoffeln in Salzwasser mit dem Lorbeerblatt weich kochen. Abgießen, das Lorbeerblatt entfernen und die Süßkartoffeln mit der Crème fraîche im Thermomix zu einer Creme mixen.

ANRICHTEN

Shisoblätter
Curryknusperbrösel (s. S. 68)

Alle Komponenten anrichten.

ENTENTEICH

Entenleber | Dim Sum | Topinambur

ENTENTEICH

Alle meine Entchen schwimmen auf dem See … Oder wir lassen sie uns munden.
Hier nimmt David Entenleber, dazu gibt es Dim Sum und Topinambur.

ENTENLEBER ENTENLEBER

320 g Entenleber
Mehl
Albaöl
Fleur de sel
Szechuanpfeffer

Die Entenleber in gleichmäßige Tranchen schneiden, mehlieren und in Albaöl braten. Anschließend mit Fleur de sel und Szechuanpfeffer würzen.

ENTENTEE ENTENTEE

600 g Entenkeulen
200 ml Reiswein
30 g Muscovadozucker
3 g Fünf-Gewürze-Pulver
15 ml grüne Chilisauce
40 ml Sojasauce
1 Zitronengrasstängel
1 grüne Thai-Chili-Schote ohne Samen
Fleur de sel

Alle Zutaten mit 1 l Wasser aufsetzen und mit Fleur de sel abschmecken. Den Sud so lange kochen, bis das Entenfleisch vom Knochen fällt. Anschließend den Sud durch ein feines Sieb passieren, die Entenkeulen für die Dim Sum zur Seite stellen.

DIM SUM

135 g Weizenmehl (Type 405)
200 g Entenkeulen
1 schwarze Walnuss
10 g Trüffel
1 g Mangocurry
Fünf-Gewürze-Pulver
Fleur de sel

85 ml Wasser aufkochen. Das Mehl in eine Schüssel geben, unter kräftigem Rühren das heiße Wasser dazugießen und schnell zu einer glatten Konsistenz verarbeiten. Anschließend 30 Minuten ruhen lassen. Dann den Teig dünn ausrollen und mit einem Ring (6 cm Ø) ausstechen. Das Entenfleisch von den Knochen zupfen. Die schwarze Nuss fein hacken, den Trüffel in feine Würfel schneiden. Entenfleisch mit der Nuss, dem Trüffel und den Gewürzen mischen. Die Füllung auf die vorbereiteten Dim-Sum-Kreise geben, diese gut verschließen und kalt stellen. Vor dem Servieren 5 Minuten unter Dampf garen. Dabei hilft die Verwendung eines Dämpfkörbchens.

TOPINAMBURMOUSSE

200 g Topinambur
100 ml Milch
1 Lorbeerblatt
80 g Butter
Fleur de sel

Topinambur schälen und mit Milch, Lorbeerblatt, Salz und Butter weich kochen. Das Lorbeerblatt entfernen und die Topinambur im Thermomix zu einer cremigen Masse mixen.

TOPINAMBURCHIPS

1 Topinambur
Fleur de sel
Fett oder Öl

Topinambur schälen und auf der Aufschnittmaschine dünn aufschneiden. Anschließend in heißem Fett goldgelb ausbacken und mit Fleur de sel würzen.

ANRICHTEN

Moos
weiße Trüffelspäne

Alle Komponenten anrichten.

BEEF # ROSSINI

Eigelb | Beef | Kopfsalat | Estragon | Steinpilz | Gänseleber

BEEF # ROSSINI

Gioachino Rossini gilt als einer der bedeutendsten Opernkomponisten des Belcanto. Er hat uns nicht nur den „Barbier von Sevilla" hinterlassen, sondern auch die nach ihm benannten Tournedos Rossini. David hat sie dekonstruiert, ohne auf die Hauptzutaten Rinderfilet und Gänseleber zu verzichten.

EIGELB EIGELB

4 Eier
15 ml Milch
10 g Mehl
30 g Paniermehl
Sonnenblumenöl
Salz, Pfeffer
Silikonform

Die Eier 45 Minuten bei 63 °C sous-vide garen, pellen, das Eigelb herauslösen und mit Milch, Salz und Pfeffer im Thermomix zu einer cremigen Masse mixen. Diese Masse in Silikonhalbkugelformen füllen und 24 Stunden einfrieren. Anschließend die Halbkugeln zu einer Kugel zusammenkleben und in Mehl und Paniermehl panieren. In Sonnenblumenöl ausbacken.

BEEF-TATAR BEEF-TATAR

600 g US-Beef-Filet
1 Schalotte
10 g Dijon-Senf
Piment d'Espelette
Maldon sea salt, schwarzer Pfeffer

Das Filet zu einem Tatar schneiden. Die Schalotte in Brunoise schneiden. Anschließend alle Zutaten miteinander vermengen, mit Piment d'Espelette, Maldon sea salt und schwarzem Pfeffer abschmecken.

KOPFSALAT-ESPUMA KOPFSALAT-ESPUMA

1 Kopfsalat
1 Romanasalat
200 ml Geflügelfond
15 g TK-Erbsen
6 g Butter
0,5 g Agar-Agar
0,5 g Xanthan
Zitronensaft
Salz, Pfeffer

Die Salate in Julienne schneiden. Den Geflügelfond mit Erbsen, Butter und Agar-Agar aufkochen. Anschließend mit Xanthan im Thermomix mixen und mit Salz, Pfeffer und Zitronensaft abschmecken. Die Kopfsalatcreme in einen iSi-Siphon füllen und mit zwei Gaskapseln befüllen.

ESTRAGONPUDER

ESTRAGONPUDER

15 ml Estragonessig
30 g Malto

Den Estragonessig und das Malto zusammen im Thermomix mixen, bis ein Puder entstanden ist.

STEINPILZE

STEINPILZE

6 kleine Steinpilze
Albaöl
Salz, Pfeffer

Die Steinpilze putzen und halbieren. Anschließend in einer Pfanne mit Albaöl anschwenken. Mit Salz und Pfeffer würzen.

STEINPILZESSENZ

STEINPILZESSENZ

150 g Steinpilze
400 ml Geflügelfond
1 Thymianzweig

Die Steinpilze putzen, in Scheiben schneiden und mit dem Thymianzweig im Geflügelfond leicht köcheln lassen. Anschließend durch ein Tuch passieren.

GÄNSELEBERPERLEN

GÄNSELEBERPERLEN

60 g Gänseleberterrine
6 g Sahne
flüssiger Stickstoff

Die Gänseleberterrine mit der Sahne im Thermomix zu einer glatten Masse verarbeiten. Anschließend in eine Spritzflasche füllen und die Masse in flüssigen Stickstoff tropfen lassen. Sobald die Perlen gefroren sind, mit einem Schaumlöffel herausnehmen.

ANRICHTEN

abgeflämmte Zwiebeln
eingelegte Senfkörner (s. S. 47)
Oxalis

Alle Komponenten anrichten.

THE TASTE OF ASIA

Iberico | Sepia | Pfirsich | Ei | Dashi

THE TASTE OF ASIA

Da weht ein aromatisches Lüftchen aus weiter Ferne heran. David verbindet Fleisch und Kopffüßler sowie verschiedene asiatische Aromen zu einem runden Gericht.

SCHWEINEBAUCH

320 g Iberico-Bauch
1 Zitronenthymianzweig
20 g Butter
Albaöl
Maldon sea salt

Den Schweinebauch vom Knorpel befreien und mit Zitronenthymian und Butter im Vakuumbeutel einschweißen. Bei 62 °C 24 Stunden im Thermalisierer garen. Anschließend auf der Aufschnittmaschine portionieren und in der Pfanne mit Albaöl nachbraten. Mit Maldon sea salt würzen.

SEPIA

120 g Sepia (gewaschen und geputzt)
Traubenkernöl
Fleur de sel

Die Hälfte des Sepias auf der Aufschnittmaschine fein schneiden und in der Pfanne mit Traubenkernöl anschwitzen, anschließend aufrollen. Den restlichen Sepia ebenfalls in der Pfanne anschwitzen. Mit Fleur de sel würzen.

PFIRSICHGEL

50 g Pfirsichpüree
0,5 g Agar-Agar

Das Pfirsichpüree zum Kochen bringen. Das Agar-Agar darin auflösen, umfüllen und kalt werden lassen. Anschließend im Thermomix zu einem Gel zerkleinern.

SELLERIEMOUSSELINE

SELLERIEMOUSSELINE

160 g geschälter Knollensellerie
70 ml Milch
50 g Butter
1 Lorbeerblatt
Salz

Den Knollensellerie mit Milch, Butter, Lorbeerblatt und Salz weich kochen. Anschließend im
Thermomix zu einer glatten Creme mixen.

RÜHREI

RÜHREI

2 Eier
10 g Sahne
10 g Butter

Die Eier trennen und das Eiweiß schaumig schlagen. Die Sahne und
die Eigelbe unterheben, auf ein Blech geben und 3 Minuten dämpfen.
Anschließend die gegarten Eier auskühlen lassen und ausstechen.

DASHI-SUD

DASHI-SUD

145 g Kombualgen
30 g Bonitoflocken
1,4 l stilles Wasser

Kombualgen und Bonitoflocken mit dem Wasser aufkochen,
25 Minuten ziehen lassen und passieren.

ANRICHTEN

Pfirsichsphäre (s. Grundrezept S. 196)
abgeflämmte Zwiebeln
Shisoblätter
Buchenpilze
reduzierter Kalbsjus

Alle Komponenten anrichten.

SOMMERGEFÜHLE

Melone | Joghurt | Knoblauch

SOMMERGEFÜHLE

David hat die klassische spanische Sommersuppe mal fruchtig gemacht mit Melone, Joghurt und fermentiertem Knoblauch.

MELONEN-GAZPACHO

MELONEN-GAZPACHO

1 Tomate
500 g Melonenpüree
100 g Gurke
10 g Schalotte
45 ml Olivenöl
15 ml Champagneressig
Piment d'Espelette
Salz

Die Tomate vom Strunk befreien und kurz in kochendem Wasser blanchieren. Anschließend die Haut abziehen, vierteln und das Kerngehäuse entfernen. Nun alle Zutaten zusammen im Thermomix mixen und anschließend passieren.

JOGHURTEIS

JOGHURTEIS

80 ml Milch
10 g Glucose
40 g Milchpulver
0,2 g Carrageen
0,3 g Johannisbrotkernmehl
320 g Joghurt

Die Milch erhitzen und die Glucose darin auflösen. Anschließend Milchpulver, Carrageen und Johannisbrotkernmehl unterrühren. Nun das Milchgemisch unter den Joghurt heben, in einem Pacossierbecher einfrieren und kurz vor dem Servieren pacossieren.

ANRICHTEN

Joghurt-Espuma (s. S. 192)
grüne Erbsen

Alle Komponenten anrichten.

ZITRUSFRUCHT IM WINTER

Blutorange | Joghurt | Luftschokolade

ZITRUSFRUCHT IM WINTER

BLUTORANGE BLUTORANGE

2 Blutorangen
400 g Läuterzucker

Die Blutorangen sechsmal 3 Minuten blanchieren. Anschließend mit dem Läuterzucker vakuumieren und bei 65 °C 2 Stunden sous-vide garen.

JOGHURTMOUSSE JOGHURTMOUSSE

300 g Joghurt
200 g Sahne
Abrieb und Saft von 1 Limette
50 g Zucker
5 Blatt Gelatine

Den Joghurt mit der Hälfte der Sahne schlagen. Limettensaft und -abrieb sowie den Zucker unterheben. Nun die restliche Sahne erwärmen und die eingeweichte und ausgedrückte Gelatine darin auflösen. Anschließend beide Massen miteinander vermengen und in die gewünschte Silikonform abfüllen.

BLUTORANGENSORBET TEBROSNEGNAROTULB

100 g Zucker
80 g Glukosesirup
450 g Blutorangenpüree

Zucker, Glukosesirup und 350 ml Wasser in einem Topf bei schwacher Hitze erwärmen und unter Rühren lösen. Das Blutorangenpüree untermixen. In einen Pacossierbecher füllen und 24 Stunden einfrieren. Kurz vor dem Servieren pacossieren.

BLUTORANGENSUD DUSNEGNAROTULB

160 g Blutorangenpüree
30 g Zucker
1 Sternanis
1 g Fenchelsamen

Das Blutorangenpüree mit Zucker, Sternanis und Fenchelsamen aufkochen. Anschließend passieren und abkühlen lassen.

LUFTSCHOKOLADE EDALOKOHCSTFUL

300 g Schokolade
20 g Arganöl

Die Schokolade über einem Wasserbad schmelzen und mit dem Arganöl vermischen. In einen iSi-Siphon füllen und mit einer Sahnekapsel begasen. Nun in eine Lockbox (fest verschließbare Küchenaufbewahrungsbox) sprühen und auf Eis im Vakuumgerät vakuumieren. Kurz bevor der Schaum den Deckel der Box erreicht, den Vakuumierer ausschalten.

MANDELBRÖSEL LESÖRBLEDNAM

60 g Mandelgrieß
60 g Butter
60 g Zucker
60 g Mehl

Den Backofen auf 165 °C vorheizen. Alle Zutaten vermengen, auf ein Blech verteilen und im Ofen 8 Minuten backen. Anschließend im Thermomix zu Bröseln zermahlen.

ANRICHTEN

Joghurtperlen
Honigkresse
Orangenfilets

Alle Komponenten anrichten.

PIÑA COLADA

Ananas | Kokos | Rum

PIÑA COLADA

Ein kleiner Ausflug in die Karibik: Der bekannte Drink kommt hier als Dessert mit Ananas, Kokosnuss und weißem Rum.

MARINIERTE ANANAS

MARINIERTE ANANAS

150 ml Ananassaft
5 g Ingwer
5 Korianderkörner
1 Kaffirlimettenblatt
25 g Rohrzucker
½ Vanilleschote
120 g Ananas

Den Ananassaft einmal aufkochen. Den Ingwer schälen und in Scheiben schneiden. Korianderkörner, Ingwer, Limettenblatt, Rohrzucker und Vanilleschote hinzufügen und 30 Minuten ziehen lassen. Anschließend passieren, Ananas würfeln, in den Sud geben und vakuumieren.

ANANASSORBET

ANANASSORBET

180 g Zucker
82 g Glucose
400 g Ananaspüree

Zucker und Glucose in 300 ml Wasser auflösen. Anschließend das Ananaspüree unterrühren. In einen Pacossierbecher füllen und 24 Stunden einfrieren. Vor dem Servieren pacossieren.

KOKOSSCHERBEN

KOKOSSCHERBEN

120 g Kokospüree
1 Kaffirlimettenblatt
1,2 g Xanthan
flüssiger Stickstoff

Das Kokospüree mit dem Limettenblatt aufkochen. Anschließend passieren und mit Xanthan im Thermomix mixen. Dann in Plastikhalbkugeln füllen und mehrmals in flüssigem Stickstoff wenden. Nochmals 6 Stunden einfrieren, anschließend zerschlagen.

KOKOSCRUMBLE Ǝ⅃BMUЯƆƧOKOK

85 g Zucker
20 g Butter
15 g Maissirup
50 g Kokosflocken

Zucker, Butter und Maissirup zusammen mit 18 ml Wasser aufkochen. So lange köcheln lassen, bis ein Karamell entsteht. Dann die Kokosflocken unterrühren. Auf ein Backblech gießen und auskühlen lassen. Anschließend im Thermomix mixen.

RUMGEL ⅃ƎƆMUЯ

60 ml weißer Rum
20 g Zucker
0,9 g Agar-Agar

Den weißen Rum zusammen mit Zucker und Agar-Agar aufkochen und auf ein Blech gießen. Sobald es fest ist, in Stücke schneiden und im Thermomix zu einem Gel zerkleinern.

ANRICHTEN

Oxalis
Rumstaub (s. Grundrezept S. 197)

Das Sorbet in den Kokosscherben anrichten und mit den restlichen Komponenten arrangieren.

Schwere Polstermöbel, dunkle Edelhölzer und viel Messing – so sehen die meisten Bars in Hotels und Restaurants aus. Wie man da entspannen soll? Das hat man sich im „Ambiente" auch gefragt und stattdessen einen Ort zum Chillen und Wohlfühlen geschaffen. Meeresleuchten aus angeschwemmtem Fischergarn und andere Fundstücke wie Treibholz ähneln in ihrer Erscheinung schwerelos schwebenden Quallen. Die Leuchten geben ein warmes Licht – gemütlich und gleichzeitig maritim. Sie sind entworfen von der Schweizer Designerin Claude Wingenfelder.

Maritim-rustikal ist auch die Seekiste, auf der die Digestifs angeboten werden – abgeblätterter Lack, rostige Beschläge. Seeleute trinken Schnaps auch schon vor dem Essen, Genießer eher danach. Aber egal wann, ernst soll es in der Bar nicht zugehen.

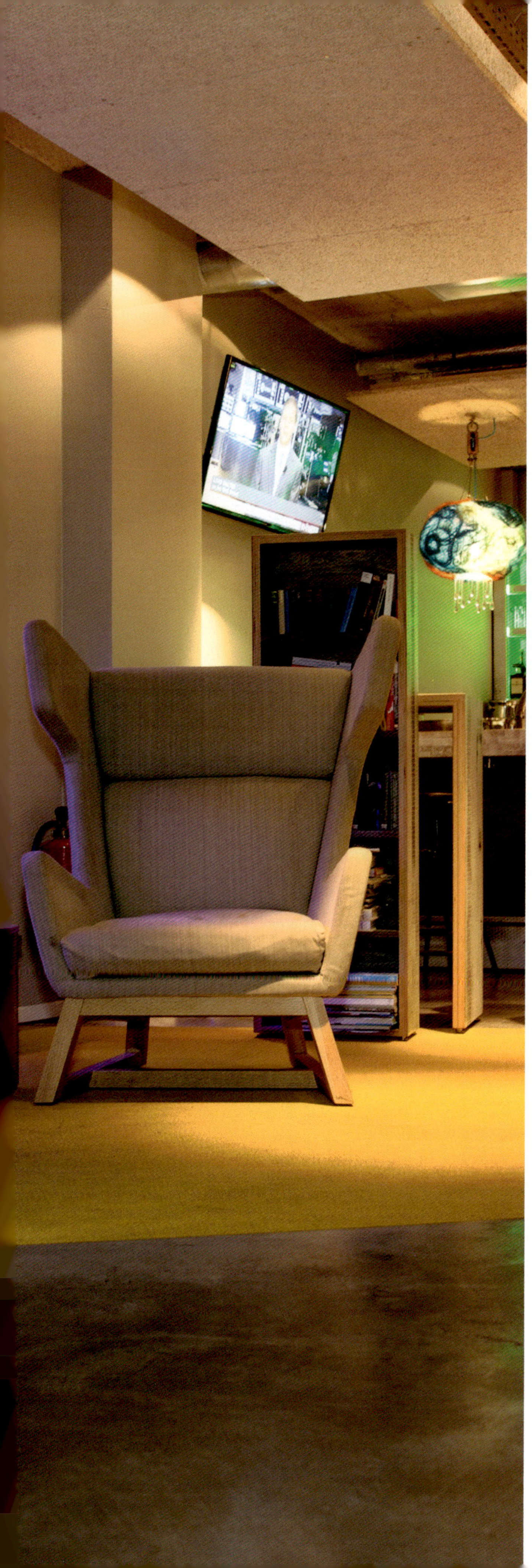

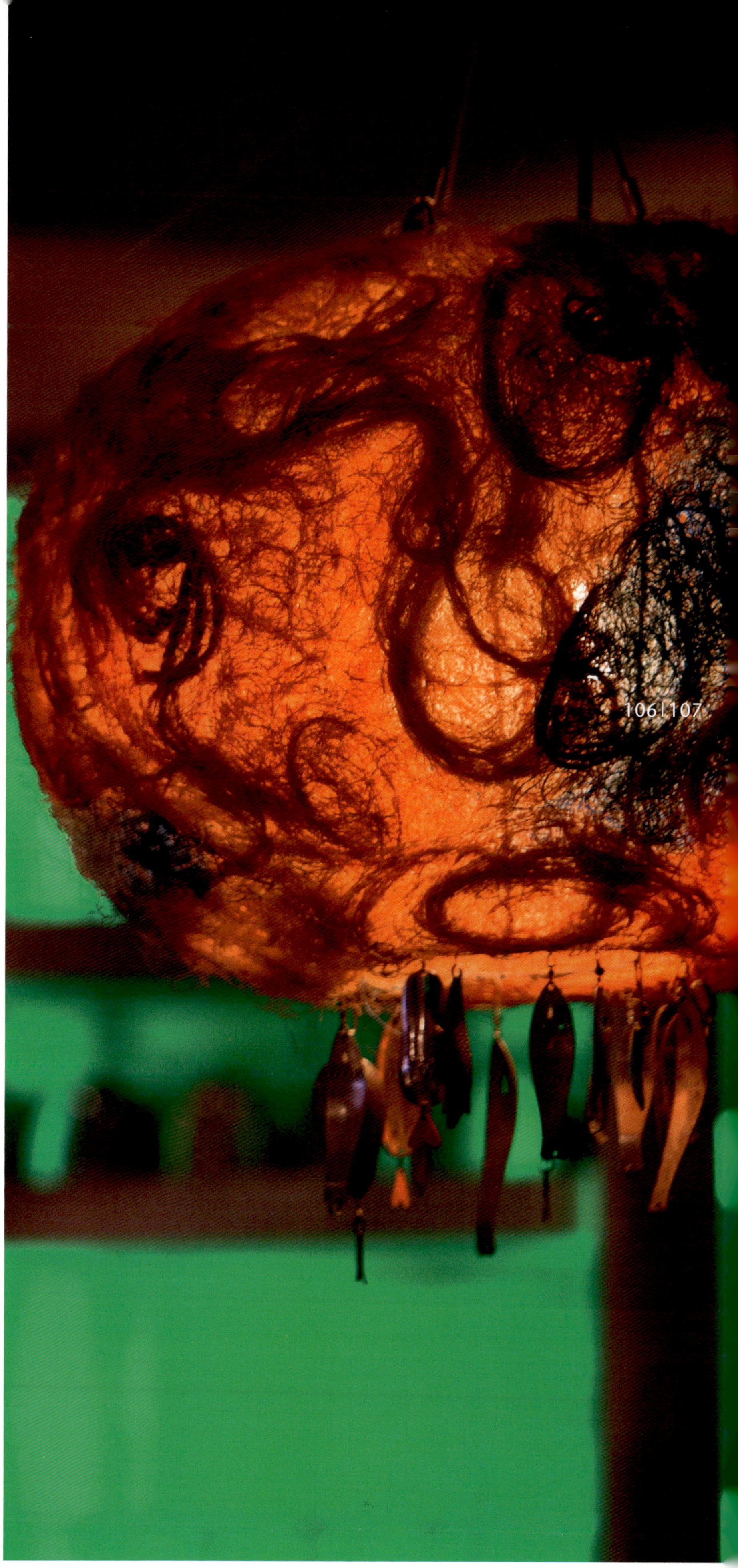

MEERESBRISE

Auster | Birne | Rote Bete | Koriander

MEERESBRISE

Wir lassen uns mal etwas um die Nase wehen. So eine schöne Brise Meeresluft in der Bretagne, in Cancale vielleicht, wo feine Austern gezüchtet werden. Schmecken mit saurer Birne, Roter Bete und Koriander.

AUSTER

4 Gillardeau-Austern	Die Austern in der geschlossenen Schale bei 60 °C im Konvektomaten mit Dampf für 3 Minuten garen. Erkalten lassen, anschließend die Austern auslösen, das Austernwasser auffangen.

AUSTERNWASSERFOLIE

90 ml Austernwasser	Alles zusammen aufkochen und
10 ml Champagner	auf ein Blech gießen. Erkalten
1 g Agar-Agar	lassen und die Folie vorsichtig vom
Cayennepfeffer	Blech lösen.

MARINIERTE BIRNE

60 ml Birnensaft	Den Birnensaft mit Zitronenthymian kurz auf-
1 Zitronenthymianzweig	kochen. Anschließend mit Xanthan binden
0,6 g Xanthan	und mit dem Champagneressig abschmecken.
15 ml Champagneressig	Die Birne schälen, vom Kerngehäuse befreien
1 Birne	und 30 Minuten im Birnensaft einlegen.

ROTE-BETE-SPHÄRE

ƎЯÄHPƧ-ƎTƎB-ƎTOЯ

110 ml Rote-Bete-Saft
22 ml Essig
1 g Salz
2,6 g Gluco
(Kalziumlaktatglukonat)
0,7 g Xanthan
500 ml stilles Wasser
2,5 g Algin
Olivenöl

Den Rote-Bete-Saft mit Essig, Salz, Gluco und Xanthan im Thermomix mixen, in Halbkugelformen füllen und 24 Stunden einfrieren. Das stille Wasser mit Algin mixen und 24 Stunden kalt stellen. Die gefrorenen Halbkugeln im Alginbad langsam auftauen und anschließend mit Olivenöl abglänzen.

ROTE-BETE-CARPACCIO

OIƆƆAPЯAƆ-ƎTƎB-ƎTOЯ

80 g gekochte Rote Bete
15 ml Sushi-Essig
5 g Zucker
1 g Salz

Die Rote Bete dünn auf der Aufschnittmaschine aufschneiden und rund ausstechen. Sushi-Essig, Zucker und Salz kurz aufkochen. Anschließend die Rote Bete damit marinieren.

KORIANDEREMULSION

ИOISˌUMƎЯƎDИAIЯOK

80 g Koriander
20 g Petersilie
40 g Spinat
100 ml Geflügelfond
50 ml mildes Olivenöl
1 g Xanthan
Zitronensaft
Salz, Pfeffer

Koriander, Petersilie und Spinat blanchieren. Dann in Eiswasser abschrecken. Anschließend mit Geflügelfond, Olivenöl, Xanthan, Zitronensaft, Salz, und Pfeffer im Thermomix zu einer Emulsion mixen.

ANRICHTEN

Korianderkresse
Borretschblüten
Koriandersponge (s. Grundrezept S. 197)
Buchenpilze

Alle Komponenten anrichten.

H1

Hummer | Kürbis | Sanddorn | Curry | Estragon

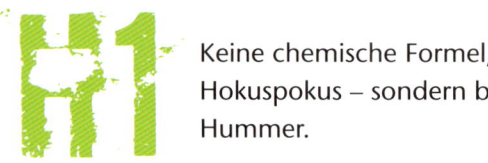

Keine chemische Formel, kein Hokuspokus – sondern bretonischer Hummer.

HUMMER

HUMMER

2 bretonische Hummerschwänze
20 g Butter
Albaöl
1 Zitronenthymianzweig
Fleur de sel
Fünf-Gewürze-Pulver

Die Hummerschwänze glasig kochen, kurz in einer Pfanne mit Butter, Albaöl und Zitronenthymian sautieren. Mit Fleur de sel und Fünf-Gewürze-Pulver würzen.

KÜRBISMOUSSE

KÜRBISMOUSSE

160 g Butternusskürbis
90 g Butter
3 g Salz
2 Thymianzweige

Den Kürbis schälen und in Würfel schneiden. Anschließend mit Butter, Salz und Thymian anschwitzen, etwas Wasser hinzugeben und so lange kochen, bis er weich ist. Dann im Thermomix zu einer Creme mixen. Mit Salz nachschmecken.

SANDDORNGEL

SANDDORNGEL

100 g Sanddornpüree
100 g Läuterzucker
2,1 g Agar-Agar

Das Sanddornpüree mit dem Läuterzucker und Agar-Agar aufkochen und auf ein Blech gießen. Kalt stellen. Anschließend im Thermomix zu einem Gel zerschlagen.

CURRYÖL

40 g grüner Apfel
20 g Schalotten
10 ml Traubenkernöl
7 g Madrascurrypulver
100 ml Rapsöl

Apfel und Schalotte würfeln, in einer Pfanne mit Traubenkernöl anschwitzen. Das Currypulver hinzufügen und mitrösten. Dann das Rapsöl angießen und nochmals erhitzen.
Nun vom Herd nehmen und 30 Minuten ziehen lassen.
Anschließend durch ein feines Sieb passieren.

ESTRAGONÖL

1 Bund Estragon
75 ml Traubenkernöl

Den Estragon zupfen und die Blätter blanchieren. Danach
in Eiswasser abschrecken. Anschließend den Estragon mit
dem Traubenkernöl im Thermomix mixen und passieren.

ANRICHTEN

Estragon
fermentierter Knoblauch
rote Shisokresse

Alle Komponenten anrichten.

SEX ON THE BEACH

Makrele | Avocado | Gurke | Joghurt

SEX ON THE BEACH

Hier wird David zum Beachboy. Singen muss er aber nicht. Er bringt uns Hamachi mit Avocado, Gurke und Joghurt.

HAMACHI-SASHIMI

320 g Hamachi
Fleur de sel

Das Makrelenfilet in dünne Scheiben schneiden und mit Fleur de sel würzen.

AVOCADOCREME

½ Avocado
50 g Granny Smith
30 ml Olivenöl
2 Spritzer Tabasco
1 Msp. Ascorbinsäure (Vitamin C)
Salz, Pfeffer

Die Avocado schälen und in Würfel schneiden. Den Granny Smith schälen, vom Kern befreien und in gleichmäßige Brunoise schneiden. Avocado und Apfelbrunoise mit Olivenöl, Tabasco, Vitamin C, Salz und Pfeffer im Thermomix zu einer feinen Creme mixen.

GURKENRELISH

60 ml Gurkensaft
2 g Xanthan
280 g Gurkenbrunoise
60 g Senfkörner
60 g Zitronengrasvinaigrette
1 EL Zitronenolivenöl
Piment d'Espelette
Salz, Pfeffer

Den Gurkensaft mit Xanthan binden. Anschließend die Gurkenbrunoise mit den Senfkörnern, Zitronengrasvinaigrette, Zitronenolivenöl und dem Gurkensaft vermengen. Mit Piment d'Espelette, Salz und Pfeffer abschmecken.

GURKEN-TAPIOKA

GURKEN-TAPIOKA

1 Limettenblatt
¼ Sternanis
60 g Tapioka
30 ml Gurkensaft
1 g Xanthan
Salz, Fleur de sel, Pfeffer

250 ml Wasser mit Salz, Limettenblatt und Sternanis aufkochen, Tapioka hinzufügen. 3 Minuten unter Rühren köcheln und anschließend 4 Minuten ziehen lassen. In kaltem Wasser abschrecken. Den Gurkensaft mit Xanthan binden und mit dem Tapioka vermengen. Mit Fleur de sel und schwarzem Pfeffer nachschmecken.

JOGHURTPERLEN

JOGHURTPERLEN

80 g Joghurt
20 ml Milch
Zitrone
Salz
flüssiger Stickstoff

Den Joghurt mit Milch glatt rühren. Mit Zitrone und Salz abschmecken. Anschließend in eine Spritzflasche füllen und in flüssigen Stickstoff tropfen lassen. Die gefrorenen Perlen mit einem Sieb herausheben.

ANRICHTEN

Shisoblätter
Korianderkresse
Reischips

Alle Komponenten anrichten.

ROCK 'N' ROLLMOPS

Kabeljau | Miso | Röstzwiebel | Knoblauch | Blumenkohl

ROCK 'N' ROLLMOPS

KABELJAU

640 g Kabeljaufilets
10 ml Traubenkernöl
1 Korianderstängel
Maldon sea salt

Kabeljaufilets in 160 g schwere Tranchen portionieren. Mit etwas Traubenkernöl und Koriander einzeln vakuumieren. Bei 56 °C 5 Minuten im Wasserbad garen. Kurz vor dem Servieren mit einem Bunsenbrenner abflämmen und mit Maldon sea salt würzen.

MISO-HOLLANDAISE

1 Schalotte
5 g Ingwer
1 Kaffirlimettenblatt
1 g Korianderkörner
15 ml weißer Balsamico
45 g Eigelb
6 g Misopaste
75 g Butter

Die Schalotte mit Ingwer, Limettenblatt und Korianderkörnern anschwitzen. Mit Balsamico ablöschen und leicht reduzieren. Die Reduktion passieren, mit dem Eigelb und der Misopaste verrühren. Die Butter zerlassen, auf 58 °C erhitzen und unter die Masse rühren.

RÖSTZWIEBELN

150 ml weißer Balsamico
1 Lorbeerblatt
1 Sternanis
3 g Pfefferkörner
2 g Korianderkörner
80 g geschälte Perlzwiebeln

Balsamico, 50 ml Wasser und die Gewürze in einen Topf geben, aufkochen und die Perlzwiebeln darin blanchieren. Die Perlzwiebeln anschließend halbieren und mit einem Bunsenbrenner abflämmen.

BLUMENKOHLMOUSSE

BLUMENKOHLMOUSSE

240 g Blumenkohl	Blumenkohl putzen und mit
120 ml Milch	Milch, Thymian, Salz und Butter
1 Thymianzweig	weich kochen. Alles zusammen
100 g Butter	im Thermomix zu einer cremigen
Salz	Masse mixen.

1221123

ANRICHTEN

Borretschblüten
Korianderkresse
gepuffter Reis
eingelegte Senfkörner (s. S. 47)

Alle Komponenten anrichten.

KEIN HERZ ...

Bries | Kirsche | Trüffel | Miso

KEIN HERZ ...

Kälber haben die Kraft der zwei Herzen. Besser zwei als keins.

KALBSBRIES KALBSBRIES

360 g Kalbsbries
2 Zitronenthymianzweige
braune Butter
Maldon sea salt

Das Kalbsbries mit Zitronenthymian in brauner Butter schwenken und mit Maldon sea salt würzen.

KIRSCHEN KIRSCHEN

38 g Zucker
43 ml weißer Balsamico
2 g Zimtpulver
16 Kirschen

Den Zucker zusammen mit 45 ml Wasser aufkochen. Anschließend den weißen Balsamico und den Zimt unterrühren und abkühlen lassen. Die Kirschen darin 2 ½ Stunden einlegen und ziehen lassen.

KIRSCHGEL KIRSCHGEL

60 g Kirschpüree
0,6 g Agar-Agar

Das Kirschpüree mit dem Agar-Agar aufkochen, vom Herd nehmen, auf ein Blech gießen und kalt stellen. Anschließend das Kirschgelee im Thermomix zu einem Gel verarbeiten.

HOLUNDERESSIGPUDER HOLUNDERESSIGPUDER

15 ml Holunderessig
30 g Malto

Den Holunderessig zusammen mit dem Malto im Thermomix mixen.

MISOCREME MISOCREME

45 g Misopaste
45 ml Geflügelfond
1 6-Minuten-Ei
10 g braune Butter
20 g Crème fraîche
Cayennepfeffer
Maldon sea salt

Die Misopaste mit dem Geflügelfond und dem Ei im Thermomix zu einer glatten Masse mixen. Anschließend braune Butter und Crème fraîche hinzugeben und mit Maldon sea salt und Cayennepfeffer abschmecken.

SPARGELSTREIFEN SPARGELSTREIFEN

2 Spargelstangen
Saft von ½ Zitrone
25 g Butter
Salz

Die Spargelstangen schälen und auf der Aufschnittmaschine in Streifen schneiden. Anschließend mit Zitronensaft, Butter und Salz vakuumieren und bei 70 °C sous-vide garen.

ANRICHTEN

gefriergetrocknete Kirschen
weiße Trüffel
Honigkresse
Kirschsorbet (s. S. 156)

Alle Komponenten anrichten.

FLEISCHESLUST

Entrecôte | Spinat | Zwiebel | Rotwein | Buchenpilz

FLEISCHESLUST

ENTRECÔTE ƎTÔƆƎЯTИƎ

4 Entrecôte-Tranchen (à 150 g)
1 Rosmarinzweig
Albaöl
Butter
1 Knoblauchzehe

Das Entrecôte einzeln mit Rosmarin vakuumieren und bei 56 °C 30 Minuten sous-vide garen. Anschließend in Albaöl, etwas Butter und Knoblauch nachbraten.

SPINATCREME ƎMƎЯƆTAИIPƧ

400 g Blattspinat
2 Eiswürfel
Salz, Cayennepfeffer

Den Spinat in kochendem Salzwasser blanchieren und in Eiswasser abschrecken. Zusammen mit den Eiswürfeln im Thermomix zu einer glatten Creme mixen. Mit Salz und Cayennepfeffer abschmecken.

ROTWEINZWIEBELN

ROTWEINZWIEBELN

6 rote Perlzwiebeln	Die Perlzwiebeln schälen und die einzelnen Segmente
6 g Salz	vorsichtig auslösen. Die Segmente salzen, in Olivenöl
20 ml Olivenöl	anschwitzen, mit Rotweinessig ablöschen und weiter
28 ml Rotweinessig	schwenken. Anschließend die Zwiebeln passieren.

BUCHENPILZE

BUCHENPILZE

80 g braune Buchenpilze	Die Buchenpilze vorsichtig putzen. Anschließend den Sushi-
100 ml Sushi-Essig	Essig mit Zucker, Sternanis und Lorbeerblatt aufkochen
20 g Zucker	und passieren. Die Marinade etwas abkühlen lassen und die
1 Sternanis	Pilze darin einlegen.
1 Lorbeerblatt	

ANRICHTEN

Rote-Bete-Kresse
Rote-Bete-Blätter
angebratene Kartoffelwürfel
Kalbsjus
Zwiebelcreme (s. S. 176)
Trüffelspäne

Alle Komponenten anrichten.

#DAS LEBEN ISST BUNT.

Kunst wirkt stimulierend. Ob gekocht oder hängend. An den Wänden des Restaurants ist es die Dortmunder Street-Art-Gallery, die dem Essen einen ästhetischen Rahmen gibt. Denn: „Das Leben is(s)t bunt." Auch die Schwellenangst vor der Kunst ist nicht nötig und wird einem im „Kikillus" mit leichter Hand genommen. Da fällt auch schon mal ein Kunstwerk im wahrsten Sine des Wortes aus dem Rahmen.

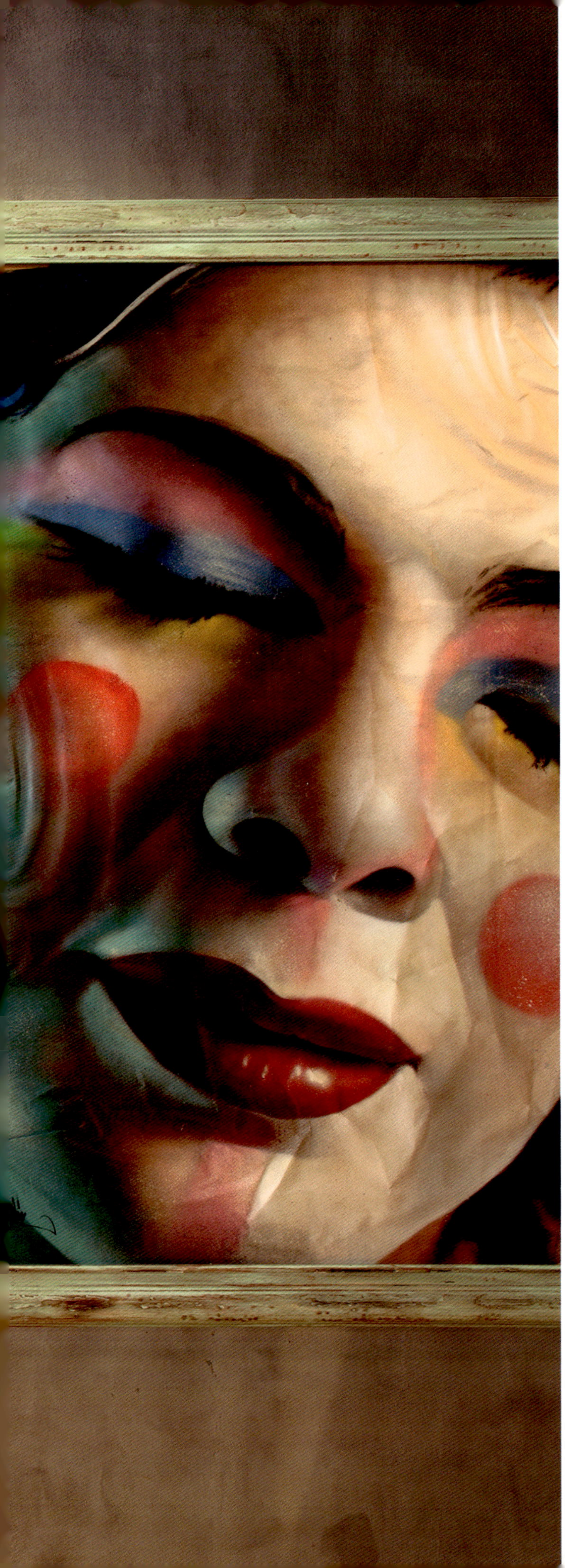

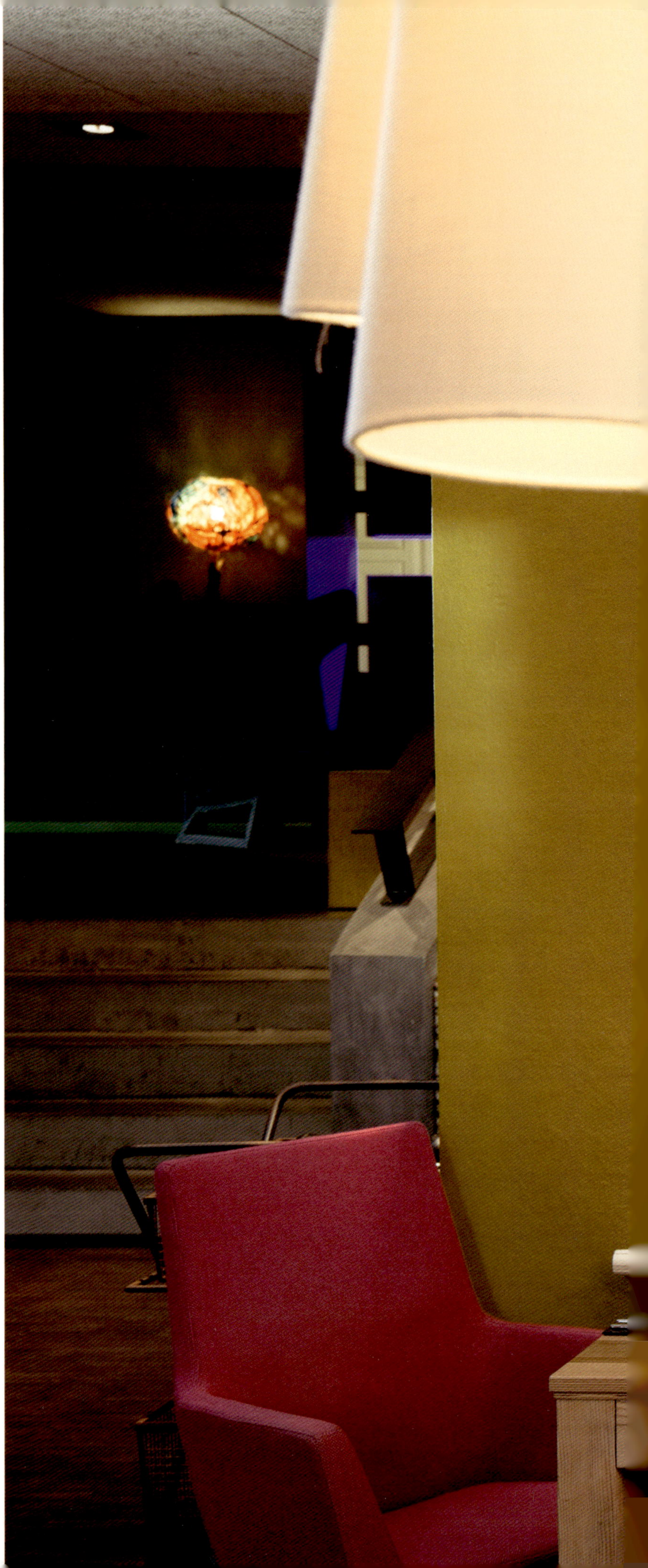

ARM & SEXY !!!

Aal | Blutwurst | Zwiebel

ARM & SEXY !!!

AAL

600 g Aal	Den Aal in vier gleich große Tran-
Albaöl	chen schneiden. In Albaöl scharf
1 Thymianzweig	anbraten. Mit Thymian, Knoblauch
1 Knoblauchzehe	und Butter aromatisieren. Mit
Butter	Maldon sea salt würzen.
Maldon sea salt	

RÖSTZWIEBEL

150 ml weißer Balsamico	Alle Zutaten mit 150 ml Wasser in
1 Lorbeerblatt	einen Topf geben, aufkochen und
1 Sternanis	die Perlzwiebeln darin blanchieren.
6 Pfefferkörner	Anschließend die Perlzwiebeln
8 Korianderkörner	halbieren und mit einem Bunsen-
80 g geschälte Perlzwiebeln	brenner abflämmen.

EINGELEGTER APFEL

10 ml Weißweinessig	Den Weißweinessig mit dem Mandelöl vermischen. Den
30 ml Mandelöl	Apfel schälen, entkernen, in dünne Scheiben schneiden und
1 Granny Smith	rund ausstechen. In dem Essig-Öl-Gemisch marinieren.

APFELCREME

APFELCREME

120 g Granny Smith
Butter
4 g Zucker
30 ml Weißwein
25 g kalte Butter
10 g Crème fraîche
2 g Salz

Den Apfel schälen, entkernen, grob würfeln und in Butter schmoren. Mit dem Zucker bestäuben, mit Weißwein und etwas Wasser ablöschen und weiter köcheln lassen, bis der Apfel weich ist. Anschließend im Thermomix pürieren und die kalte Butter, die Crème fraîche und das Salz untermixen.

BLUTWURSTPERLEN

BLUTWURSTPERLEN

120 g Blutwurst
50 g Sahne
30 ml Kalbsjus
1 Thymianzweig
Albaöl
Salz
flüssiger Stickstoff

Die Blutwurst würfeln und in der Pfanne bei mittlerer Hitze anschwenken. Mit Sahne und Kalbsjus auffüllen. Etwas Thymian hinzugeben und weiter köcheln lassen. Anschließend alles im Thermomix zu einer Creme mixen und mit Salz abschmecken. Nun die Creme in eine Spritzflasche füllen und in flüssigen Stickstoff tropfen lassen. Mit einem Schaumlöffel herausnehmen.

BLUTWURSTSPHÄRE

BLUTWURSTSPHÄRE

80 g Boudin Noir
20 g Geflügelbrühe
0,2 g Xanthan
160 g stilles Mineralwasser
10 g Agar-Agar

Alles zusammen kurz erwärmen und im Thermomix glatt mixen. Anschließend in kleine Halbkugeln füllen und einfrieren. Das Mineralwasser mit dem Agar-Agar aufkochen und warm halten. Je zwei Halbkugeln zusammensetzen und in das Agar-Agar-Wasser tauchen.

ANRICHTEN

Kartoffel-Esspapier (s. S. 34)
Kalbsjus

Alle Komponenten anrichten.

BUGS BUNNY

Kaninchen | Karotte | Pfirsich | Zwiebel | Knoblauch

BUGS BUNNY

Den echten Bugs Bunny hat David natürlich
nicht erlegt, er nimmt schnödes Kaninchen.

KANINCHENRÜCKENFILET KANINCHENRÜCKENFILET

4 parierte Kaninchenrückenfilets
2 Zitronenthymianzweige
30 g Butter
Traubenkernöl
Maldon sea salt

Die Kaninchenrückenfilets einzeln mit Zitronenthymian und
Butter vakuumieren. Anschließend bei 56 °C 7 Minuten
im Thermalisierer sous-vide garen. In etwas Traubenkernöl
nachbraten, um Röstaromen zu erzielen, und mit Maldon
sea salt würzen.

KAROTTENMOUSSE KAROTTENMOUSSE

400 g Karotten
100 g Butter
1 Lorbeerblatt
Salz

Die Karotten schälen und würfeln. Mit Butter, Salz und
Lorbeerblatt in einem Topf mit Wasser bedecken und weich
kochen. Anschließend im Thermomix zu einer Creme mixen.

PFIRSICHGEL UND -GELEE PFIRSICHGEL UND -GELEE

100 g Pfirsichpüree
0,9 g Agar-Agar

Das Pfirsichpüree zum Kochen bringen. Das Agar-Agar darin
auflösen, das Püree umfüllen, kalt stellen und fest werden
lassen. Die Hälfte in kleine Quader schneiden und beiseitestellen. Das restliche Gelee im Thermomix zu einem Gel
verarbeiten.

RÖSTZWIEBEL

RÖSTZWIEBEL

150 ml weißer Balsamico
1 Lorbeerblatt
1 Sternanis
6 Pfefferkörner
8 Korianderkörner
80 g geschälte Perlzwiebeln

Alle Zutaten mit 150 ml Wasser in einen Topf geben, aufkochen und die Perlzwiebeln darin blanchieren. Anschließend die Perlzwiebeln halbieren und mit einem Bunsenbrenner abflämmen.

ANRICHTEN

sous-vide gegarte Karotten
Honigkresse

Alle Komponenten anrichten.

WOLLWIESE

Lamm | Blumenkohl | Kartoffel | Petersilie

WOLLWIESE

Nein, nein, auf Wiesen wächst nach wie vor Gras. Aber manche Tiere, die auf den Wiesen grasen, tragen ein wolliges Haarkleid.

LAMMRÜCKEN LAMMRÜCKEN

640 g Lammrücken	Den Lammrücken sauber parieren und mit Thymian und
2 Thymianzweige	etwas Butter in einen Vakuumbeutel einschweißen und
40 g Butter	bei 56 °C etwa 5 Minuten sous-vide garen. Anschließend
Albaöl	den Lammrücken mit Salz und Pfeffer würzen und in
Salz, Pfeffer	Albaöl nachbraten.

PETERSILIENKRUSTE PETERSILIENKRUSTE

1 Bund glatte Petersilie	Die Petersilienblätter von den Stängeln zupfen und in kochendem Wasser
80 g Paniermehl	blanchieren. Herausnehmen und in Eiswasser schnell herunterkühlen.
60 g Butter	Die Petersilie herausnehmen, abtropfen lassen, trocken tupfen und mit
1 Eiweiß	Paniermehl, Butter, Eiweiß und etwas Salz im Thermomix zu einer glatten
Salz	Masse mixen. Die fertige Masse in Klarsichtfolie einrollen und kalt stellen.

BLUMENKOHLMOUSSELINE BLUMENKOHLMOUSSELINE

240 g Blumenkohl	Blumenkohl putzen und mit Milch, Butter,
120 ml Milch	Thymian und Salz weich kochen.
100 g Butter	Anschließend alles zusammen im Thermomix
1 Thymianzweig	zu einer cremigen Masse mixen.
Salz	

GEBACKENER BLUMENKOHL GEBACKENER BLUMENKOHL

8 kleine Blumenkohlrosen	Die Blumenkohlrosen in kochendem Salzwasser
1 Eigelb	blanchieren. Anschließend in Eigelb, Mehl und
12 g Mehl	Paniermehl panieren. Dann in heißem Fett
24 g Paniermehl	ausbacken.
Fett zum Frittieren	

GERÖSTETER BLUMENKOHL

GERÖSTETER BLUMENKOHL

120 g Blumenkohl	Den Blumenkohl putzen, in gleichmäßige Scheiben schnei-
Albaöl	den und in Salzwasser blanchieren. Anschließend den
Salz	blanchierten Blumenkohl in Albaöl rösten und mit Maldon
Maldon sea salt	sea salt würzen.

KARTOFFEL-ESSPAPIER

KARTOFFEL-ESSPAPIER

180 g mehligkochende Kartoffeln	Die Kartoffeln in Salzwasser weich kochen. Anschließend mit
7,5 g Salz	Lebensmittelfarbe und Piment d'Espelette im Thermomix
1 g schwarze Lebensmittelfarbe	cremig mixen. Dann auf eine Silpat-Backmatte streichen und
1 g Piment d'Espelette	im Dehydrator 8–9 Stunden trocknen.

LAMMBÄCKCHEN

LAMMBÄCKCHEN

160 g Lammbäckchen
25 ml Sonnenblumenöl
100 g walnussgroße Wurzelgemüsewürfel (Porree, Sellerie, Karotte)
20 g Tomatenmark
1 Sternanis
10 Pfefferkörner
2 Lorbeerblätter
1 Rosmarinzweige
1 Knoblauchzehe
60 ml Rotwein
150 ml Lammfond
Salz

Den Backofen auf 160 °C vorheizen. Die Lammbäckchen parieren und mit Salz würzen. Sonnenblumenöl in der Pfanne erhitzen und die Bäckchen scharf anbraten. Anschließend Wurzelgemüse und Tomatenmark hinzugeben, kurz mitrösten. Die Gewürze zugeben, mit Rotwein ablöschen und mit Lammfond auffüllen. Etwa 2,5 Stunden zugedeckt im Ofen schmoren. Die Lammbäckchen zupfen, in eine Form pressen und 24 Stunden durchkühlen lassen. Die vorbereitete Petersilienkruste passend schneiden, auf die Bäckchen geben und unter dem Salamander kurz Temperatur annehmen lassen.

ANRICHTEN

Trüffelspäne
Kalbsjus
Lammbries
Röstzwiebeln (s. S. 122)
eingelegte Senfkörner (s. S. 47)
Oxalis
Buchenpilze
Petersiliensponge (s. S. 35)

Kalbsjus erhitzen und das Bries darin glasieren. Mit allen Komponenten anrichten.

GREEN LEGO

Koriander | Erdbeere | Litchi

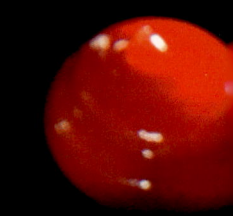

GREEN LEGO

Wir spielen weiter. Wer Legomännchen kann, kann auch Legosteine.

KORIANDER-LEGOSTEIN

KORIANDER-LEGOSTEIN

120 g Glucose
40 g Zucker
250 g Kokosmilch
60 g Kokosflocken
½ Bund Koriander
½ Bund Basilikum
18 g Ingwer
2 Kaffirlimettenblätter
¼ Bund Zitronenmelisse

Glucose und Zucker mit 250 ml Wasser vermischen und erwärmen, bis sich der Zucker aufgelöst hat. Kokosmilch und Kokosflocken vermischen, mit dem Zauberstab pürieren. Anschließend die Glucose-Wasser-Mischung langsam dazugeben und weiter mixen.
Ein Drittel davon abnehmen. Koriander und Basilikum blanchieren und dazugeben. Im Thermomix pürieren. Ingwer schälen und klein schneiden. Mit der Zitronenmelisse und den Kaffirlimettenblättern dazugeben. Leicht erwärmen und 35 Minuten ziehen lassen, anschließend durch ein Superbag pressen und zu den restlichen zwei Dritteln geben. Nochmal passieren und in Legoformen einfrieren.

ERDBEERGEL

ERDBEERGEL

60 g Erdbeerpüree
0,6 g Agar-Agar

Das Erdbeerpüree mit Agar-Agar aufkochen. Anschließend passieren, in ein Blech gießen und stocken lassen. Das Erdbeergelee im Thermomix zu einem Gel verrühren und in eine Spritzflasche abfüllen.

KORIANDER-AVOCADO-CREME

KORIANDER-AVOCADO-CREME

1 Bund Koriander
½ Avocado
50 g Granny Smith
Olivenöl
Tabasco
0,5 g Ascorbinsäure (Vitamin C)
Salz, Pfeffer

Die Korianderblätter von den Stängeln zupfen und blanchieren. Die Avocado schälen und in Würfel schneiden. Den Apfel schälen, vom Kern befreien und in gleichmäßige Bruniose schneiden. Avocado, Korianderblätter und Apfelbrunoise mit Olivenöl, Tabasco, Vitamin C, Salz und Pfeffer im Thermomix zu einer feinen Creme mixen.

KOMPRESSTE ERDBEEREN

KOMPRESSTE ERDBEEREN

50 g Erdbeersaft
25 g Zucker
140 g Erdbeeren

Den Erdbeersaft erwärmen und den Zucker unter Rühren auflösen. Anschließend die Erdbeeren in dünne Scheiben schneiden und im Saft vakuumieren.

LITCHIFOLIE

LITCHIFOLIE

200 g Litchipüree
2,4 g Agar-Agar

Das Litchipüree erhitzen, das Agar-Agar darin auflösen und sofort in ein Blech gießen und erkalten lassen.

ERDBEERSCHERBEN

ERDBEERSCHERBEN

120 g Erdbeerpüree
1 Kaffirlimettenblatt
1,2 g Xanthan
flüssiger Stickstoff

Das Erdbeerpüree mit dem Limettenblatt aufkochen. Anschließend passieren und mit Xanthan im Thermomix mixen. Dann in Plastikhalbkugeln füllen und mehrmals in flüssigem Stickstoff wenden. Nochmals 6 Stunden einfrieren. Anschließend mit einem Löffel zu Scherben schlagen.

ANRICHTEN

Litchipuder (s. Grundrezept S. 197)
Honigkresse

Alle Komponenten anrichten.

SPONGEBOB

Pistazie | Kirsche

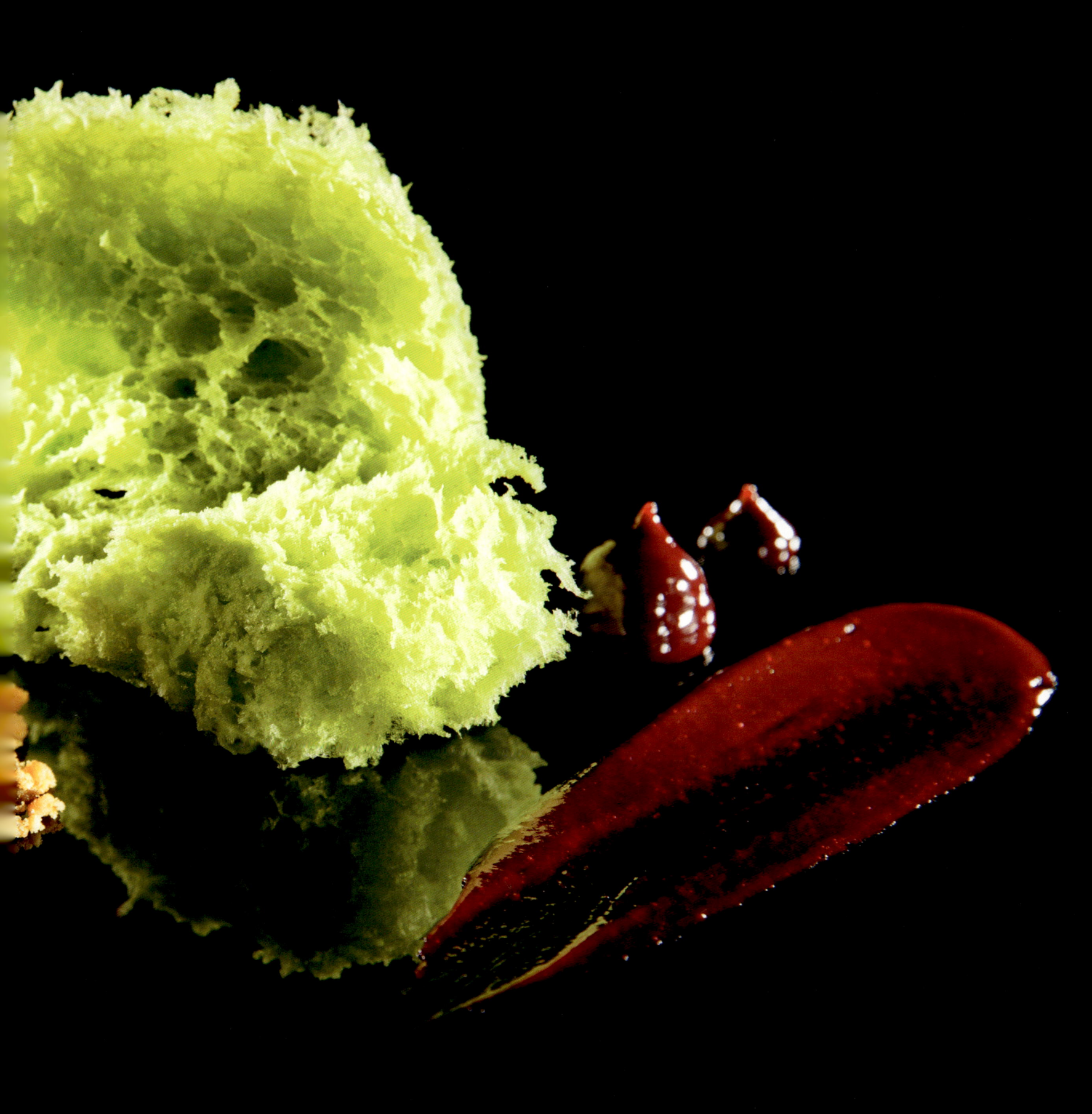

SPONGEBOB

Der „Schwammkopf" arbeitet in einem Schnellimbiss – zum Glück nicht
bei David im „Kikillus". Aber er lässt sich gut nachbauen.

PISTAZIENSPONGE PISTAZIENSPONGE

40 g Eiweiß	Alle Zutaten im Thermomix mixen, in einen iSi-Siphon füllen und mit
40 g Eigelb	zwei Sahnekapseln begasen. Anschließend 1 Stunde kalt stellen. Einen
30 g Mehl	Plastikbecher zu einem Drittel mit der Masse befüllen und bei 800 Watt
1 TL Backpulver	30 Sekunden in der Mikrowelle garen.
45 g Pistazienpaste	
20 g Zucker	
2 g Salz	

KIRSCHSORBET KIRSCHSORBET

160 g Zucker	Zucker und Glucose mit 300 ml Wasser in einem Topf erhitzen, bis der
115 g Glucose	Zucker sich aufgelöst hat. Das Kirschpüree unterrühren und weiter erhit-
340 g Kirschpüree	zen, bis sich alles zu einer gleichmäßigen Masse verbunden hat. Auf Eis-
	wasser herunterkühlen, in einen Pacossierbecher umfüllen und einfrieren.
	Kurz vor dem Servieren pacossieren.

BUTTERCRUMBLE ƎⱵᗺWUᖉↃᴚƎTTUᗺ

60 g Mandelgrieß	Den Backofen auf 175 °C vorheizen. Mandelgrieß, Mehl,
60 g Mehl	Butter und Zucker miteinander vermengen und auf ein
60 g Butter	Blech verteilen. Im Ofen ca. 8 Minuten backen. Anschlie-
60 g Zucker	ßend im Thermomix zermahlen.

ANRICHTEN

Kirschgel (s. S. 126)

Alle Komponenten anrichten.

DARK WING DUCK

Ente | Orange | Karotte | Fenchel

DARK WING DUCK

Canard à l'orange heißt der Klassiker. David bringt ihn ganz modern mit den Mächten des Dunklen.

ENTENBRUST ENTENBRUST

640 g Entenbrust	Die Entenbrust parieren und mit Butter und
40 g Butter	Thymian vakuumieren und bei 56 °C
2 Thymianzweige	8–9 Minuten sous-vide garen. Anschließend
Albaöl	in etwas Albaöl nachbraten.

ORANGENGEL ORANGENGEL

50 g Orangenpüree	Orangenpüree mit Agar-Agar aufkochen, umfüllen und kalt
1 g Agar-Agar	werden lassen. Anschließend im Thermomix zerkleinern.

FENCHEL FENCHEL

240 g Fenchel	Den Fenchel auf der Aufschnittmaschine dünn aufschneiden.
30 g Butter	Anschließend mit Butter, Koriander, Senf und Salz vakuumieren
4 Korianderkörner	und bei 63 °C ca. 15 Minuten im Thermalisierer sous-vide garen.
4 Senfkörner	
Salz	

KAROTTENSPONGE

KAROTTENSPONGE

40 g Eiweiß
40 g Eigelb
30 g Mehl
1 TL Backpulver
45 g Karottencreme
20 g Zucker
2 g Salz

Alle Zutaten im Thermomix mixen, in einen iSi-Siphon füllen und mit zwei Sahnekapseln begasen. Anschließend 1 Stunde kalt stellen. Dann einen Plastikbecher zu einem Drittel mit der Masse füllen und bei 800 Watt 30 Sekunden in der Mikrowelle garen.

GELBE KAROTTENMOUSSE

GELBE KAROTTENMOUSSE

400 g gelbe Karotten
100 g Butter
1 Lorbeerblatt
Salz

Karotten schälen und würfeln. Mit Butter, Lorbeer, Salz und Wasser im Topf garen. Anschließend im Thermomix zu einer Creme mixen.

ORANGE KAROTTENMOUSSE

ORANGE KAROTTENMOUSSE

400 g orange Karotten
100 g Butter
1 Lorbeerblatt
Salz

Karotten schälen und würfeln. Mit Butter, Lorbeer, Salz und Wasser im Topf garen. Anschließend im Thermomix zu einer Creme mixen.

ANRICHTEN

Rote-Bete-Kresse
fermentierter Knoblauch
Kartoffelcreme
Basilikumkresse
sous-vide gegarte Karottenscheiben

Alle Komponenten anrichten.

CARMEN ELECTRA

Mandarine | Koriander | Basilikum

CARMEN ELECTRA

Model, Schauspielerin, Sängerin: Die US-Amerikanerin sieht gut aus. Ob sie so prickelnd ist wie Davids gleichnamiges Gericht, lassen wir offen.

MANDARINEN-MARSHMALLOW

120 g Zucker
120 g Isomalt
104 g Mandarinensaft
80 g Mandarinenpüree
5 Blatt Gelatine
1 g Eiweiß
90 g Puderzucker
flüssiger Stickstoff
Mandarinenzesten

MANDARINEN-MARSHMALLOW

Zucker, Isomalt und Mandarinensaft auf 127 °C erhitzen. Das Mandarinenpüree leicht erwärmen und die eingeweichte und ausgedrückte Gelatine darin auflösen. Das Eiweiß anschlagen. Sobald der Zucker 127 °C erreicht hat, den Topf vom Herd nehmen und mit dem Mandarinenpüree vermengen. Die Masse anschließend langsam in das angeschlagene Eiweiß geben und mit etwas flüssigem Stickstoff kalt schlagen. Daraus Marshmallows formen und diese in den Mandarinenzesten wälzen.

CHINAEIS

120 g Glucose	Glucose und Zucker mit 250 ml Wasser vermischen und erwärmen, bis
40 g Zucker	sich der Zucker aufgelöst hat. Kokosmilch und Kokosflocken vermischen,
250 g Kokosmilch	mit dem Zauberstab pürieren. Anschließend die Glucose-Wasser-
60 g Kokosflocken	Mischung langsam dazugeben und weiter mixen.
½ Bund Koriander	Ein Drittel davon abnehmen. Koriander und Basilikum blanchieren und
½ Bund Basilikum	dazugeben. Im Thermomix pürieren. Ingwer schälen und klein schnei-
18 g Ingwer	den. Mit der Zitronenmelisse und den Kaffirlimettenblättern dazugeben.
¼ Bund Zitronenmelisse	Leicht erwärmen und 35 Minuten ziehen lassen, anschließend durch ein
2 Kaffirlimettenblätter	Superbag pressen und zu den restlichen zwei Dritteln geben. Noch mal
Fizzy	passieren und im Pacossierbecher einfrieren. Kurz vor dem Servieren
	pacossieren und mithilfe eines Löffels eine Eisnocke formen. Zum Servie-
	ren etwas Fizzy auf die Nocke streuen.

ANRICHTEN

Buttercrumble (s. S. 157)
dehydrierte Mandarinen
Mandarinengel (s. S. 55)
Honigkresse

Alle Komponenten anrichten.

NIMM ES NICHT SO ERNST UND AMÜSIER DICH!

Das Spiel mit der Konvention, mit den Formen, den Materialien, mit der Tradition
eines bayerischen Gasthauses mitten im
Ruhrgebiet, das ist ein postmoderner, verspielter
Umgang mit den Gewohnheiten und Erwartun-
gen, ähnlich wie die ironischen Anspielungen in
Davids Rezepttiteln wie „Rock 'n' Rollmops" oder
„Bugs Bunny" oder den Kerzenleuchtern aus ros-
tigem Eisen, die auf die industrielle Vergangen-
heit der Stahlstadt Dortmund anspielen.

„Nimm es nicht so ernst und amüsier dich", will
dieser Stammtisch, wie auch das ganze Design
des Restaurants, dem Gast sagen.

TAUBE 2.0

Taube | Rotkohl | Kirsche | Pastinake | Haselnuss

TAUBE 2.0

Lieber eine Taube in der Pfanne als eine auf dem Dach.

TAUBENBRUST TAUBENBRUST

4 Taubenbrüste	Die Taubenbrüste einzeln mit Thymian und Butter vakuumieren und bei 56 °C 7 Minuten sous-vide garen. Anschließend in Traubenkernöl nachbraten. Mit Maldon sea salt würzen.
4 Thymianzweige	
25 g Butter	
Traubenkernöl	
Maldon sea salt	

ROTKOHLPÜREE ROTKOHLPÜREE

210 g Rotkohl	Den Rotkohl hobeln, mit dem Rotwein vakuumieren und 75 Minuten bei 95 °C sous-vide garen. Anschließend mit den restlichen Zutaten im Thermomix mixen und durch ein Sieb streichen. Mit Salz und Cayennepfeffer abschmecken.
45 ml Rotwein	
22 ml Champagneressig	
16 g Dijon-Senf	
Salz	
Cayennepfeffer	

KIRSCHEN KIRSCHEN

38 g Zucker	Zucker mit 45 ml Wasser aufkochen. Balsamico und Zimt unterrühren und abkühlen lassen. Die Kirschen darin einlegen und 2 ½ Stunden ziehen lassen.
43 ml weißer Balsamico	
2 g Zimt	
16 Kirschen	

PASTINAKENPÜREE PASTINAKENPÜREE

240 g Pastinake
100 g Butter
1 Thymianzweig
120 ml Milch
Salz

Pastinake mit Butter, Thymian und etwas Salz in die Milch geben und darin garen. Anschließend alles im Thermomix zu einer cremigen Masse mixen.

PASTINAKENWÜRFEL PASTINAKENWÜRFEL

80 g Pastinaken
3 g Lauchasche (Steinoptik, S. 55)

Die Pastinaken schälen und in gleichmäßige Würfel schneiden. In Salzwasser blanchieren und durch Lauchasche wälzen.

HASELNUSS HASELNUSS

25 g Haselnüsse

Haselnüsse halbieren und ohne Fett rösten.

ANRICHTEN

Röstzwiebeln (s. S. 122)
ausgestochener Rotkohl
Buchenpilze
Honigkresse
gepuffter Quinoa
Kirschsphäre (s. Grundrezept S. 196)

Alle Komponenten anrichten.

DER FINGERABDRUCK DES PETRUS

St. Pierre | Ochsenmark | Zwiebel | Petersilie

DER FINGERABDRUCK
DES PETRUS

Der Legende nach hat der heilige Petrus einen Fisch aus dem Netz genommen und dabei einen dunklen Fingerabdruck auf dem Tier hinterlassen.

SAINT PIERRE

SAINT PIERRE

4 Saint-Pierre-Filets (à 160 g)
Traubenkernöl
1 Thymianzweig
Fleur de sel

Die Filets im Traubenkernöl und Thymian glasig dünsten, mit Fleur de sel würzen.

OCHSENMARK

OCHSENMARK

100 g Ochsenmark
Albaöl
Maldon sea salt

Das Ochsenmark putzen, in Scheiben schneiden und anschließend in Albaöl braten. Mit Maldon sea salt würzen.

ZWIEBELCREME

ZWIEBELCREME

120 g Schalotten
1 Thymianzweig
Butter
30 g Crème fraîche
Salz
Cayennepfeffer

Die Schalotten mit dem Thymian in Butter schmoren, ohne dass sie Farbe annehmen. Anschließend mit Crème fraîche im Thermomix zu einer glatten Creme mixen. Mit Salz und Cayennepfeffer abschmecken.

RÖSTZWIEBEL

RÖSTZWIEBEL

150 ml weißer Balsamico
1 Lorbeerblatt
1 Sternanis
10 Pfefferkörner
8 Korianderkörner
80 g geschälte Perlzwiebeln

Alle Zutaten mit 150 ml Wasser in einen Topf geben, aufkochen und die Perlzwiebeln darin blanchieren. Anschließend die Perlzwiebeln halbieren und mit einem Bunsenbrenner abflämmen, bis sie Farbe annehmen.

PETERSILIENGEL

PETERSILIENGEL

12 g Petersilienblätter
100 ml Petersilienwurzelsaft
2 g Xanthan
Salz

Die Petersilienblätter in kochendem Wasser blanchieren und in Eiswasser abschrecken. Anschließend mit dem Petersilienwurzelsaft im Thermomix mixen. Mit Xanthan binden und mit Salz abschmecken.

ANRICHTEN

abgeflämmte Zwiebelringe
Shisoblätter
Pfifferlinge

Alle Komponenten anrichten.

WALDLAUF

Reh | Petersilienwurzel | Wildsalami | Brombeere | Pfifferling

WALDLAUF

Niemand muss jetzt in den Sportdress schlüpfen. Das Reh ist schon genug gelaufen.

REHRÜCKEN
REHRÜCKEN

600 g Rehrücken
2 Thymianzweige
30 g Butter
Albaöl
Fleur de sel
Pfeffer

Den Rehrücken portionieren und mit Thymian und Butter vakuumieren. Anschließend bei 56 °C 8–9 Minuten sous-vide garen, auf gar keinen Fall länger garen! Dann in Albaöl kurz nachbraten und mit Fleur de sel und Pfeffer würzen.

WILDSALAMICRUMBLE
WILDSALAMICRUMBLE

60 g Wildsalami
40 g Petersilienwurzel
Öl
10 g glatte Petersilie
Senf

Wildsalami und Petersilienwurzel in gleichmäßige Brunoise schneiden. Dann im heißen Öl knusprig ausbacken. Die glatte Petersilie fein hacken und untermengen. Anschließend den Rehrücken dünn mit Senf bestreichen und im Crumble wälzen.

PETERSILIENWURZELMOUSSE
PETERSILIENWURZELMOUSSE

240 g Petersilienwurzel
110 ml Milch
1 Lorbeerblatt
80 g Butter
Salz
Pfeffer

Die Petersilienwurzel schälen und mit Milch, Lorbeer, Butter und Salz weich kochen. Anschließend alles im Thermomix zu einer cremigen Masse mixen und mit Pfeffer abschmecken.

BROMBEERGEL

BROMBEERGEL

60 g Brombeerpüree
0,6 g Agar-Agar

Das Brombeerpüree zusammen mit dem Agar-Agar aufkochen, vom Herd nehmen, abfüllen und kalt stellen. Anschließend das Brombeergelee im Thermomix zu einem Gel zerkleinern.

PFIFFERLINGE

PFIFFERLINGE

120 g kleine Pfifferlinge
1 Thymianzweig
Mehl
Albaöl
Fleur de sel

Die Pfifferlinge putzen und in einer Wasser-Mehl-Mischung waschen. Anschließend mit Thymian in etwas Albaöl braten. Mit Fleur de sel würzen.

PETERSILIENWÜRFEL

PETERSILIENWÜRFEL

80 g Petersilienwurzel
3 g Lauchasche (Steinoptik, s. S. 55)

Die Petersilienwurzel schälen und in gleichmäßige Würfel schneiden. In Salzwasser blanchieren und durch Lauchasche wälzen.

ANRICHTEN

halbierte Brombeeren
sous-vide gegarte Petersilienwurzel

Alle Komponenten anrichten.

THIS BIRD HAS FLOWN

Gewürzlachs | Avocado | Spargel | Eigelb

THIS BIRD HAS FLOWN

GEWÜRZLACHS

GEWÜRZLACHS

1 Seite frischer norwegischer Lachs
300 g Meersalz
200 g brauner Zucker
6 g schwarze Pfefferkörner
1 Nelke
4 g Pimentkörner
3 g Thymian
5 g Fenchelsamen
1 Lorbeerblatt
4 g Sternanis
3 g Korianderkörner
2 g Wacholderbeeren

Den Lachs filetieren und die Haut abziehen. Meersalz, Zucker und die Gewürze fein mörsern, den Lachs damit einreiben und 24 Stunden beizen.

AVOCADOCREME

AVOCADOCREME

1 Avocado
100 g Granny Smith
Olivenöl
Tabasco
Ascorbinsäure (Vitamin C)
Salz, Pfeffer

Die Avocado schälen, den Stein entfernen und das Fruchtfleisch in Würfel schneiden. Den Granny Smith schälen, das Kerngehäuse entfernen und das Fruchtfleisch in feine Brunoise schneiden. Avocado- und Apfelwürfel mit Olivenöl, Tabasco, Vitamin C, Salz und Pfeffer im Thermomix zu einer feinen Creme mixen.

GEBACKENES EIGELB

GEBACKENES EIGELB

4 Bio-Eier
2 EL Mehl
1 Eigelb
2 EL Paniermehl
Salz, Pfeffer
Öl zum Frittieren

Eier bei 63 °C 45 Minuten im Wasserbad pochieren. Herausnehmen, pellen, das Eigelb entnehmen und im Thermomix zerschlagen, mit Salz und Pfeffer würzen. Die Eigelbmasse in Halbkugelformen füllen und 24 Stunden einfrieren. Die Eigelb-Halbkugeln zusammenkleben und in Mehl, Ei und Paniermehl Wenden. Anschließend bei 170 °C im tiefen Fett gold-gelb ausbacken.

ANRICHTEN

160 g geschälter Spargel
marinierte Spargelstreifen
Rote-Bete-Kresse
gepoppter Reis
Saiblingskaviar

Den Spargel mit Schale auf dem Big Green Egg grillen. Die Hälfte der Avocadocreme auf den Lachs streichen, die restliche Avocadocreme auf die marinierten Spargelstrei-fen streichen und einrollen.

Alle Komponenten anrichten.

MILCHKAFFEE MIT KEKS

Kaffee | Milch | Cookie

MILCHKAFFEE MIT KEKS

KAFFEE-EIS

150 g Kaffeebohnen
310 ml Vollmilch
80 g Sahne
40 g Milchpulver
2 Eigelb
10 g Glucose
60 ml Kondensmilch
10 g Instant-Espressopulver
3 g Salz

Die Kaffeebohnen im Ofen bei 176 °C etwa 20 Minuten rösten und im Thermomix grob mahlen. Dann Milch und Sahne darübergießen und 30 Minuten ziehen lassen. Anschließend passieren. Nun leicht erwärmen und das Milchpulver unterrühren.

Eigelbe mit der Glucose schaumig schlagen und unter die warme Milch-Sahne-Mischung rühren. Kondensmilch, Instant-Espressopulver und Salz unterheben. In einen Pacossierbecher abfüllen und 24 Stunden einfrieren. Vor dem Servieren pacossieren.

MILCHPERLEN

150 ml Milch
50 g Zucker
1,5 g Xanthan
flüssiger Stickstoff

Die Milch mit dem Zucker leicht zum Köcheln bringen, den Zucker unter Rühren lösen. Mit Xanthan binden, in eine Spritzflasche füllen, abkühlen lassen und in flüssigen Stickstoff tropfen lassen. Die gefrorenen Milchperlen mit einem Schaumlöffel herausheben.

COOKIESTREUSEL JƎꙄUƎЯTꙄƎIꙀOOƆ

80 g warme Butter	Den Backofen auf 178 °C vorheizen. Butter,
40 g brauner Zucker	Zucker und Salz schaumig schlagen. Dann das
60 g Zucker	Ei unterrühren. Mehl und Natron vermengen
1 g Salz	und unter die Masse heben. Die Keksmasse auf
1 Ei	ein Blech streichen und 11 Minuten backen.
100 g Mehl	Dann in Stücke brechen und im Thermomix
1 g Natron	zusammen mit der gefrorenen Schokolade zu
110 g gefrorene Schokolade	Streusel zerkleinern.
(Valrhona, 70 % Kakaoanteil)	

DEHYDRIERTE MILCH HƆⅬIM ƎTЯƎIЯꙆYHƎꙆ

110 ml Milch	Den Backofen auf 80 °C vorheizen. Die Milch mit der Glucose aufkochen
70 g Glucose	und vom Herd nehmen. Anschließend mit einem Stabmixer aufschäu-men. Den Schaum vorsichtig mit einem Löffel auf ein Backblech geben. Dann im Ofen rund 10 Stunden trocknen.

ANRICHTEN

geröstete Kaffeebohnen
Honigkresse

Alle Komponenten anrichten.

KIKILLUS MIT
DER ECKE

Joghurt | Erdbeere | Heidelbeere | Müsli

KIKILLUS MIT DER ECKE

Kennen wir aus der Werbung. Am Joghurtbecher gibt es eine Ecke fürs Müsli. Auf dem Teller sieht das etwas anders aus.

JOGHURT-TANNENHONIG-EIS

80 ml Milch
10 g Glucose
50 g Tannenhonig
40 g Milchpulver
0,2 g Carrageen
0,3 g Johannisbrotkernmehl
320 g Joghurt

Die Milch erhitzen, die Glucose und den Honig darin auflösen. Milchpulver, Carrageen und Johannisbrotkernmehl unterrühren. Nun das Milchgemisch unter den Joghurt heben, in einem Pacossierbecher einfrieren und kurz vor dem Servieren pacossieren.

ERDBEERFOLIE

200 g Erdbeerpüree
8 g Glucose
2,4 g Agar-Agar
1 g Ascorbinsäure (Vitamin C)

Das Erdbeerpüree erhitzen, die restlichen Zutaten darin auflösen, sofort auf ein Blech gießen und erkalten lassen. Danach das Gelee im Thermomix zerkleinern, dünn auf eine Silpat-Backmatte streichen und bei 50 °C 9 Stunden trocknen.

JOGHURT-ESPUMA

60 ml Milch
4 Blatt Gelatine
1400 g griechischer Joghurt (10 % Fett)
40 g Tannenhonig
1 EL Basic textur

Die Milch etwas erhitzen und die eingeweichte und ausgedrückte Gelatine darin auflösen. Den Joghurt, Tannenhonig und Basic textur glatt rühren. Nun das Milch-Gelatine-Gemisch unter den Joghurt rühren und sofort in eine iSi-Flasche abfüllen. Mit zwei Sahnekapseln begasen.

KOMPRESSTE ERDBEEREN KOMPRESSTE ERDBEEREN

50 g Zucker
140 g Erdbeeren
50 ml Erdbeersaft

Den Zucker im Erdbeersaft auflösen. Die Erdbeeren und den Saft vakuumieren.

HEIDELBEEREN SOUS-VIDE HEIDELBEEREN SOUS-VIDE

120 g Heidelbeeren
40 ml Heidelbeersaft

Die Heidelbeeren mit dem Heidelbeersaft vakuumieren und bei 55 °C 25 Minuten sous-vide garen.

MÜSLI MÜSLI

30 g kandierte Macadamianüsse
20 g kandierte Mandeln
50 g Haferflocken
30 g braune Butterbrösel
20 g dehydrierte Waldbeeren
16 g Schokoladenstaub (s. S. 31)
10 g Amaranth

Die Nüsse fein hacken und mit den restlichen Zutaten vermengen.

ERDBEERSORBET ERDBEERSORBET

160 g Zucker
115 g Glucose
340 g Erdbeerpüree

Zucker und Glucose mit 300 ml Wasser in einem Topf erhitzen und den Zucker unter Rühren lösen. Das Erdbeerpüree unterrühren und weiter erhitzen, bis sich alles zu einer gleichmäßigen Masse verbunden hat. Auf Eiswasser herunterkühlen, in einen Pacossierbecher umfüllen und einfrieren. Kurz vor dem Servieren pacossieren.

ANRICHTEN

Oxalis
Brombeeren
Erdbeergel (s. S. 152)
Brombeergel (s. S. 181)

Das Müsli auf Teller geben, rundherum Früchte und Gels anrichten. Eis und Sorbet auf das Müsli setzen, mit dem Espuma abschließen und mit Oxalis garnieren.

GRUNDREZEPTE

GELEES UND GELS GELEES UND GELS

50 g Lebensmittelpüree oder -saft
0,5 g Agar-Agar

Püree oder Saft mit Agar-Agar aufkochen. Anschließend passieren, in ein Blech gießen und stocken lassen. Das so entstandene Gelee im Thermomix zu einem Gel verrühren und in eine Spritzflasche abfüllen.
Siehe dazu auch Seite 68, 144, 181.
Achtung: für das Gewürzgurkengelee auf 40 g Gewürzgurkenmasse 4,2 g Agar-Agar!

SPÄHRE SPÄHRE

6 g Citras
125 g Fruchtpüree
9 g Algin
500 ml stilles Mineralwasser
3,3 g Calcic

Citras mit 125 ml Wasser mischen, Algin hinzufügen und mixen, bis es sich auflöst. Die Mischung aufkochen, abkühlen lassen und das Fruchtpüree untermixen. Calcic und das stille Mineralwasser verrühren. Die Fruchtpüreemischung mit einem Sphärenlöffel in das Wasserbad gleiten lassen und 2 Minuten ziehen lassen. Danach mit kaltem Wasser abspülen.

PUDER UND STAUB

ꓒUꓷƎꓤ UИꓷ ꓢTAUꓭ

30 g Malto
10–15 g geschmacksgebendes
Produkt (z. B. Schokolade, Essige,
Öle, Alkohol wie Rum)

Schokolade schmelzen und langsam unter das Malto heben, Essige oder Öle mit dem Malto im Thermomix zu einem Puder mixen.
Siehe dazu auch Seite 31, 85, 127

SPONGES

ꓢꓒOИGƎꓢ

40 g Eiweiß
40 g Eigelb
30 g Mehl
1 TL Backpulver
45 g Püree oder Paste des geschmacksgebenden
Produktes (z. B. Petersilien-, Brokkolipüree,
Karottencreme, Pistazienpaste)
20 g Zucker
2 g Salz

Alle Zutaten zusammen im Thermomix mixen, in ein iSi-Siphon füllen und mit 2 Kapseln begasen. Anschließend 1 Stunde kalt stellen. Dann einen Plastikbecher zu einem Drittel mit der Masse befüllen und bei 800 Watt 30 Sekunden in der Mikrowelle garen.
Siehe dazu auch Seite 31, 34, 156

REGISTER

DAS TEAM

DAVID KIKILLUS

hat sich mit seinem Konzept „Fun Dine" längst von etablierten Sternetempeln abgehoben. Im Hotel Ambiente in Dortmund kann er in seinem Restaurant „kikillus" umsetzen, was ihm am Herzen liegt: kompromisslos und „fucking perfect" den Gast und seine Wünsche in den Mittelpunkt zu stellen. In seinem ersten Buch finden Produkte der Haute Cuisine auf Kikillus' Tellern ihre Vollendung.

FALKO WÜBBECKE

ist freiberuflicher Dipl. Fotodesigner und Szenograf. Fotografische Inszenierungen von Unternehmen, Architektur und Food sind gleichermaßen seine Leidenschaft. Die konzeptionelle Fotografie mit klaren Linien und Gespür für hochwertiges Design gibt Porträts und Stills im Studio genauso wie Kampagnenmotiven beim Kunden vor Ort Authentizität und Vertrauenswürdigkeit.

CORNELIA ROBRAHN

lebt und arbeitet als freiberufliche Dipl. Kommunikationsdesignerin in Dortmund. Mit viel Leidenschaft und Liebe zum Detail realisiert sie Editorial- und Corporate Designs für mittelständische Unternehmen, umfangreiche Projekte für Agenturen und Verlage genauso wie grafische Einzelaufträge.

IMPRESSUM

© 2015 Fackelträger Verlag GmbH, Köln
Emil-Hoffmann-Straße 1
D-50996 Köln

Rezepte: David Kikillus
Fotografie: Falko Wübbecke
Texte: Hanjo Wimmeroth
Redaktion und Lektorat: Ilka Grunenberg
Grafische Gesamtgestaltung: Cornelia Robrahn
Gesamtherstellung: Fackelträger Verlag GmbH, Köln

kikillus
hotel ambiente
Am Gottesacker 70
44143 Dortmund
www.kikillus-restaurant.de

ISBN 978-3-7716-4596-0
Printed in China

www.fackeltraeger-verlag.de